Leibhaftigkeit

Renate Daniel / Johanna Haberer / Christiane Neuen (Hg.)

Leibhaftigkeit

Von Genuss, Vergänglichkeit und Vitalität

Mit einem Vorwort von Konstantin Rößler und Beiträgen von
Eckart Altenmüller, Alexander Deeg, Svenja Flaßpöhler,
Thomas Fuchs, Elisabeth Raether, Joachim Helmut Schneider,
Katinka Schweizer, Matthias Warstat

Patmos Verlag

Veröffentlichungen der Internationalen Gesellschaft
für Tiefenpsychologie e. V. Stuttgart
Geschäftsstelle: Postfach 701080, D-81310 München

Diesen Band erhalten die Mitglieder der Gesellschaft als Dokumentation über
ihre Arbeit. Der Gesellschaft gehören als Mitglieder an: Ärztinnen und Ärzte,
Seelsorgerinnen und Seelsorger, Psychotherapeutinnen und Psychotherapeuten,
Psychagoginnen und Psychagogen, Psychologinnen und Psychologen, Pädagoginnen
und Pädagogen, Juristinnen und Juristen, Sozialarbeiterinnen und Sozialarbeiter,
im Heilberuf Tätige. Das Thema der Jahrestagung 2021 war »Leibhaftigkeit. Von
Genuss, Vergänglichkeit und Vitalität«. Die Vorträge wurden durch Kurse und
Gruppenarbeit vertieft und ergänzt.

Die Verlagsgruppe Patmos ist sich ihrer Verantwortung gegenüber unserer Umwelt
bewusst. Wir folgen dem Prinzip der Nachhaltigkeit und streben den Einklang von
wirtschaftlicher Entwicklung, sozialer Sicherheit und Erhaltung unserer natürlichen
Lebensgrundlagen an. Näheres zur Nachhaltigkeitsstrategie der Verlagsgruppe
Patmos auf unserer Website www.verlagsgruppe-patmos.de/nachhaltig-gut-leben

Bibliografische Information der Deutschen Nationalbibliothek
Die Deutsche Nationalbibliothek verzeichnet diese Publikation in der Deutschen
Nationalbibliografie; detaillierte bibliografische Daten sind im Internet über
http://dnb.d-nb.de abrufbar.

Umschlaggestaltung: Finken & Bumiller, Stuttgart
Umschlagabbildung: © Olia Gozha / Unsplash
Druck: GGP Media GmbH, Pößneck
Hergestellt in Deutschland
ISBN 978-3-8436-1420-7

Inhalt

Vorwort

Im Begriff »Leibhaftigkeit« schwingt vieles mit. Vom »Teufel, dem Leibhaftigen« bis zur »leibhaftigen Auferstehung« reichen die Assoziationen. Sie zeigen, dass es um unser Leben geht – unser Leben als eines, das an den Körper gebunden ist, genauso wie um unsere geistig-seelische Existenz.

Das Verhältnis zum Körper ist seit jeher ambivalent, und so stellt uns das Tagungsthema vor die Fragen: Ist unser Leib ein »Tempel, den wir von Gott haben« und der uns selbst nicht gehört? Oder ist er ein Objekt, das uns zur freien Verfügung steht, das wir benutzen und manipulieren können? Ist er ein Fenster zur Welt oder ist er durch die Welt bedroht? Wird er zu einer Quelle der Lebendigkeit und des Genießens oder müssen wir Angst um ihn haben?

Schon seit langem war unsere körperliche Gesundheit nicht mehr so sehr kollektiv bedroht wie in der Zeit der Coronapandemie. Wir erleben, wie die realen und die gefühlten Bedrohungen ein spaltendes Potenzial für uns als Gesellschaft besitzen. Die Angst um die körperliche Unversehrtheit und die tiefe Verunsicherung führen im Schlepptau eine giftige Mischung mit sich, aus Misstrauen, Härte, Manipulation, Ohnmacht und Unverständnis für andere bis hin zu blankem Hass.

Und wir erkennen deutlich: Eine Krise, die unsere körperliche Gesundheit bedroht, ist immer auch eine geistig-seelische Krise. Körper und Seele sind auch hier nicht zu trennen, sondern wie kommunizierende Röhren unmittelbar aufeinander bezogen. Dasselbe gilt für andere zentrale Bedrohungen unserer Zeit. So ist auch in der Klimakrise unsere Existenz bedroht, aber nicht nur unsere, sondern auch die aller kommenden Generationen. Wenn der Leib von Mutter Erde leidet, dann leiden wir früher oder später mit.

Wie kommt es, dass wir angesichts solcher Bedrohungen nicht resignieren, dass wir uns nicht lähmen lassen von der Angst? Offenbar wohnt uns auch eine große Vitalität inne, die uns zu einer resilienten Haltung befähigt, zu Innovationen, Kreativität, zur

Suche nach Lösungen und zu Anpassungen, aus denen Neues hervorgehen kann. Wir sind dabei, Wege aus der Pandemie zu finden und mit dem Virus leben zu lernen. Junge Menschen treten dafür ein, Verantwortung für unseren Planeten zu übernehmen, gehen auf die Straße und in die Politik und sorgen dafür, dass sie nicht mehr überhört werden.

Am unmittelbarsten begegnet uns eine Lust am Lebendigen aber, wenn wir etwas sinnlich genießen können: Im Genuss geraten Körper und Seele in Einklang. Der genossene Moment entreißt uns dann der Vergänglichkeit und schließt uns unserer Vitalität an.

Die Beiträge des vorliegenden Bands betrachten aus interdisziplinärer Perspektive den zentralen Begriff der Leibhaftigkeit, der das weite Spannungsfeld zwischen Psyche und Soma umfasst. Wir bewegen uns mit diesem Thema im Spannungsfeld von Geburt und Tod, Leben und Sterben und aus Sicht der Analytischen Psychologie C. G. Jungs auf einer archetypischen Ebene von Raum und Zeit.

Konstantin Rößler

SVENJA FLASSPÖHLER

Berührungsfurcht
Über Abstandsregeln und Distanzverlangen*

Die verordnete Distanz während der Covidkrise wurde und wird, auch wenn die Notwendigkeit auf der Hand lag, weithin beklagt. Andere auf Abstand zu halten, niemanden näher an sich heranzulassen als 1,50 Meter: Social distancing gilt nahezu einhellig als Zumutung für das Sozialwesen Mensch, der Berührung braucht; und zwar nicht nur als Kind, sondern auch als Erwachsener. Nicht nur in besonderen Situationen, sondern auch im Alltag. Nicht nur von Vertrauten, sondern auch von Fremden. Berührungen, und seien sie nur flüchtig, stiften Verbundenheit, Sicherheit, Vertrauen, emotionale Nähe, kurzum: Wärme. Höhlen- und Lagerfeuergeborgenheit. Durch Berührungen werden, wie Rebecca Böhme in ihrem Buch *Human Touch* schreibt, »nicht bloß die C-taktilen Fasern angeregt, die speziell auf Streicheleinheiten reagieren, sondern auch Wärmerezeptoren der Haut. Wärme selbst kann Emotionen und Stimmungen beeinflussen. Wärme löst Gefühle von Wohlergehen und Gemütlichkeit aus und führt zur Ausschüttung von Serotonin« (R. Böhme 2019, S. 52). Eine kleine Berührung des Kellners im Café oder des Kollegen am Arbeitsplatz vermag die Atmosphäre sofort aufzuhellen.

Allein, bei manchen Zuhörerinnen und Zuhörern werden diese Sätze wohl eher ungute Assoziationen auslösen. Berührungen am Arbeitsplatz? Vielleicht auch noch vom Chef höchstpersönlich, der seiner Sekretärin beim Diktieren mal kurz über die Schulter strei-

---

* Dieser Beitrag beruht im Wesentlichen auf den Kapiteln V und IX des Buches *Sensibel. Über moderne Empfindlichkeit und die Grenzen des Zumutbaren* von Svenja Flaßpöhler. © 2021 Klett-Cotta – J. G. Cotta'sche Buchhandlung Nachfolger GmbH, Stuttgart.

chelt? Nein, danke, so mögen auch Sie vielleicht denken: Da werden keine C-taktilen Fasern stimuliert, da stellen sich die Nackenhaare auf.

Tatsächlich zeigt sich bei genauerem Hinsehen, dass viral bedingte Abstandsregeln keineswegs schlicht eine unzumutbare Umkehrung des Sozialen bedeuten. Vielmehr spitzt sich im social distancing das Bedürfnis zu, andere, zumal Fremde, nicht zu nah an sich heranzulassen. Dieses Distanzverlangen ist tief in der Zivilisationsgeschichte verankert. In seinem berühmten Werk *Der Prozeß der Zivilisation* (1939) zeichnet der Soziologe Norbert Elias eindrücklich die Transformation menschlichen Verhaltens nach, das sich durch fortschreitende Disziplinierung – angefangen beim Essen und Schlafen bis hin zu komplexen sozialen Situationen – zunehmend verfeinert und den Menschen für eigene wie fremde Grenzüberschreitungen sichtlich sensibler werden lässt. Die wesentlichen Methoden dieser Verfeinerung sind, so Elias, die »Dämpfung der Triebe«, »Affektregulation« und die Ausbildung eines kontrollierenden Über-Ichs. Anders gesagt: Um sensibel zu werden, müssen wir uns zähmen, »Fremdzwänge [...] in Selbstzwänge verwandeln« (Elias 1997, S. 324) und regulierende Scham- und Peinlichkeitsgefühle ausbilden. Wurde im 11. Jahrhundert die Notdurft noch in Gängen und Zimmerecken verrichtet, ist das heute undenkbar.

Der Prozess der Zivilisation ist ein Prozess ansteigender Sensibilitäten – und zwar auch und gerade in körperlicher Hinsicht: Je höher die zivilisatorischen Standards einer Gesellschaft, desto größer ist das Bedürfnis nach Abstand. Bei zu großer Nähe werden Scham und Ekel empfunden. Durch Corona erlangte der zivilisatorische Habitus der Reinlichkeit ein klar medizinisches Vorzeichen und wurde dadurch nur umso fester als Regel installiert. In den Worten des Philosophen Gernot Böhme: »Was man bisher als respektvollen Abstand praktiziert hat, nämlich dem Anderen nicht zu sehr auf den Leib zu rücken, wird als hygienische Maßnahme verlangt und notfalls durch Bußgelder erzwungen. Dadurch wird so etwas wie eine hygienical correctness eingeführt« (G. Böhme

2021, S. 19), schreibt der Phänomenologe (und Vater der eben zitierten Rebecca Böhme) mit Blick auf die Coronakrise.

In der Architektur zeigt sich das wachsende Abstandsbedürfnis deutlich. Wohnungsübergreifende Gemeinschaftstoiletten sind in westlichen Industrienationen nahezu unvorstellbar geworden, stattdessen gehören Gästetoiletten inzwischen zum Standard zeitgemäßen Bauens: Fremde Ausscheidungen und Gerüche sollen sich mit den eigenen nicht vermischen. Schaut man sich darüber hinaus an, in welchem Ausmaß die Wohnfläche pro Kopf etwa in Deutschland zugenommen hat, zeigt sich eindrücklich, wie groß das Verlangen nach Abstand ist: Betrug der Wohnraum 1950 noch 14 Quadratmeter pro Person, liegt er heute bei 45 Quadratmetern (Thadden 2018, S. 97).

Der spätmoderne Mensch beansprucht Raum, in dem er nicht gestört oder belästigt, geschweige denn bedroht wird. Zivilisatorisch problematisch ist so gesehen nicht die Distanz, sondern ihr gerades Gegenteil: die Enge. Dreck, zwangsweises Aufeinanderhocken, fehlende Privatsphäre: Der Inbegriff des Albtraums sind überfüllte Flüchtlingslager wie Moria auf Lesbos. Desinfektionsspender, Mund-Nase-Bedeckungen und fein säuberliche Linien in Supermärkten hingegen, die den Abstand von Mensch zu Mensch vorgeben, sind der vorläufige Höhepunkt eines zivilisatorischen Prozesses, der die Individuen voneinander trennt und ihnen klar voneinander abgegrenzte Freiheitsräume zuweist.

Deine Freiheit endet, wo meine Freiheit beginnt – dieser liberale Grundsatz bringt das Selbstverständnis des modernen, mit bürgerlichen Rechten ausgestatteten Menschen auf den Punkt. Ich komme dir nicht zu nahe, und du mir auch nicht. Den Freiheitsraum des anderen zu achten, ihn nicht zu tangieren, gehört zu den zentralen Werten der Zivilisation. Das Private, der Besitz wie auch der Leib als solcher sind vor Zugriffen anderer wie auch des Staates geschützt.

Das Berührungsverbot des Leibes hat sich, wie alle anderen Schutzregeln auch, im Prozess der Zivilisation von den privilegierten Schichten bis in die unteren Schichten ausgeweitet. Niemand darf gegen seinen Willen angefasst oder medizinisch behandelt, geschweige denn misshandelt werden. Die Verfügungsgewalt über den eigenen Körper wie auch das Recht auf körperliche Unversehrtheit sind qua Gesetz verbürgt.

Der Schutz vor Angriff weist auf die Bedeutung des Haptischen, Taktilen für das moderne Rechts- und Selbstverständnis deutlich hin. Entsprechend heißt es auch im 1. Artikel des deutschen Grundgesetzes: »Die Würde des Menschen ist unantastbar.« Die Unberührbarkeit der Würde, die auch und insbesondere die körperliche Integrität betrifft, verleiht dem Menschen als Zweck an sich etwas nachgerade Heiliges: »Noli me tangere«, sagt Jesus der Überlieferung zufolge nach seiner Auferstehung zu Maria Magdalena: Rühr mich nicht an. Das Berührungsverbot des Leibes ist wesentlich für emanzipatorische Freiheitsbewegungen. Ob MeToo oder Black Lives Matter: Niemand hat das Recht, einen Menschen gegen seinen Willen anzufassen. Jedes Leben besitzt Würde. Damit unauflöslich verbunden ist ein Recht auf Abstand. Sexuelle Übergriffe und Polizeigewalt sind eklatante Würde- und Rechtsverletzungen.

Mit jeder Ausweitung hart erkämpfter Schutzräume verändert sich auch das körperliche Empfinden für unlautere Nähe. »Menschen in westlichen Gesellschaften bekommen es heute mit der Angst, wenn sie weniger als 45 cm Abstand zum nächsten Körper haben«, schreibt Elisabeth von Thadden in ihrem Buch *Die berührungslose Gesellschaft* (ebd., S. 96). Gefühlt also beginnt der unlautere Übertritt, wenn ein Fremder näher kommt als rund einen halben Meter. Wer diese unsichtbare Grenze überschreitet, gilt als respektlos, wird mindestens als unangenehm, gar als bedrohlich wahrgenommen.

Diese Wahrnehmung verdankt sich allerdings nicht nur zivilisatorischem Distanzierungswillen respektive modernen Rechtskonstruktionen, sondern reicht viel tiefer. So wie jeder Hund zusammenzuckt, wenn ihn ein Artgenosse von hinten berührt, besitzt auch der Mensch empfindliche Warnsensoren. Ihr Ursprung ist, folgt man Elias Canetti, anthropologischer Natur. »Nichts fürchtet der Mensch mehr als die Berührung durch Unbekanntes«, schreibt Canetti am Beginn seines Werkes *Masse und Macht.* »Man will sehen, was nach einem greift, man will es erkennen oder zumindest einreihen können. Überall weicht der Mensch der Berührung durch Fremdes aus. Nachts oder im Dunkel überhaupt kann der Schrecken über eine unerwartete Berührung sich ins Panische steigern. Nicht einmal die Kleider gewähren einem Sicherheit genug; wie leicht sind sie zu zerreißen, wie leicht ist es, bis zum nackten, glatten, wehrlosen Fleisch des Angegriffenen durchzudringen« (Canetti 1978, S. 13).

Es ist diese anthropologisch verankerte Furcht, die »den Menschen nie mehr verläßt, sobald er die Grenzen seiner Person festgestellt hat« (ebd., S. 14). Canetti identifiziert diese Urangst als zentrales Movens des menschlichen Distanzverlangens. Die Berührungsfurcht ist es, die den zivilisatorischen Prozess maßgeblich vorantreibt und durchwirkt. »Alle Abstände, die die Menschen um sich geschaffen haben, sind von dieser Berührungsfurcht diktiert. Man sperrt sich in Häuser ein, in die niemand eintreten darf, nur in ihnen fühlt man sich halbwegs sicher. Die Angst vor dem Einbrecher gilt nicht seinen räuberischen Absichten allein, sie ist auch eine Furcht vor seinem plötzlichen, unerwarteten Griff aus dem Dunkel. Die Hand, zur Kralle geformt, wird als Symbol für diese Angst immer verwendet. Viel von diesem Sachverhalt ist in den Doppelsinn des Wortes ›angreifen‹ eingegangen« (ebd., S. 13). Dass Situationen der Enge, etwa in der U-Bahn, als unangenehm empfunden werden, ist insofern keineswegs nur zivilisatorischer Überempfindlichkeit (etwa für Körpergerüche) geschuldet, sondern der tief verwurzelten Angst vor ›Angriff‹. »Die Art, wie wir uns auf der Straße, unter vielen Menschen, in Restaurants, in Eisenbahnen und Autobussen bewegen, ist von dieser Furcht diktiert. Selbst dort, wo wir ganz nahe neben anderen stehen, sie genau betrachten und mustern können, vermeiden wir, wenn es irgend geht, eine Berührung mit ihnen« (ebd.).

Eine Ausnahme von dieser Regel allerdings gibt es, die auch Canetti nicht entgeht: »Wenn wir das Gegenteil tun, haben wir

Gefallen an jemandem gefunden, und die Annäherung geht dann von uns selber aus« (ebd.). Die Rede ist hier von der sexuellen Anziehung, die das bedrohliche Fremde in eine Attraktion, ein Lustobjekt verwandelt.

Regulierung des Sozialen

Canettis *Masse und Macht* erschien 1960, am Vorabend der sexuellen Revolution also, und aus heutiger Sicht fällt auf, wie unbedarft der Philosoph diesen heiklen Punkt benennt. Die unwillkürliche Berührung aus erotisch-sexuellen Motiven war in der Mitte des vorigen Jahrhunderts schlicht noch nicht als eklatantes Problem adressiert worden. Ganz im Gegenteil galt der weibliche Körper auch den Revolutionären der späten 1960er- und 1970er-Jahre als weitgehend verfügbar, um von den sogenannten Ehepflichten ganz zu schweigen.

Seit 1997 ist die Vergewaltigung in der Ehe unter Strafe gestellt. Feministische Initiativen wie #Neinheißtnein und #MeToo haben zudem 2019 eine Verschärfung des Sexualstrafrechtsparagrafen auch in Deutschland bewirkt, der nicht nur handfeste Gewalt, sondern darüber hinaus die Missachtung des Willens unter Strafe stellt. Wer versucht, einen anderen Menschen zu berühren und dabei Anzeichen eines Unwillens übersieht oder missdeutet, riskiert, bestraft zu werden.

Rechtlich verbürgte Abstandsregeln erstrecken sich mithin weit hinein ins Intimleben. Doch ist ebenso klar, dass sich das Miteinander auch von Mann und Frau nicht vollends rechtlich regeln lässt. Es bleibt notwendig ein ethisch höchst anspruchsvoller Rest, der von den Individuen selbst bewältigt und gestaltet werden muss: Wie verhalte ich mich in dieser oder jener (erotischen) Situation? Küsse ich den anderen zur Begrüßung, oder gebe ich ihm die Hand? Was ist mir angenehm, was nicht? Was erwarten andere von mir? Wie kann ich in dieser Spannung souverän agieren? Wie zeigen, ja, wissen, was ich will und was ich nicht will? Ist mein

Begehren wirklich meines – oder das des anderen? Will mein Wille überhaupt mein Bestes – zumal in sexueller Hinsicht? Oder gilt eher der Grundsatz: »Protect me from what I want?«

Dass social distancing mithin keineswegs nur als Zumutung, sondern, auf einer tieferen Ebene, als Erleichterung wahrgenommen werden kann und faktisch auch wird, liegt auf der Hand, ist es doch gerade das viral bedingte Berührungsverbot, das die hochkomplexe Lebenswelt widerstreitender Begehren und Erwartungen angenehm reduziert. »Denn das Paradigma der Ansteckung, durch das Infektiosität als soziales Verhältnis etabliert wird, ermöglicht es den Subjekten, aus der dekretierten Leere eine ›Fülle‹ zu machen«, so schreibt die Literaturwissenschaftlerin Bernadette Grubner in ihrem Essay über »Viruslust«. »Die Mangelerfahrung, die man durch die Schließung von Orten des sozialen Miteinanders und den Verzicht auf Treffen im Privaten macht, kann aufgewogen werden durch Verhaltensweisen, die uneingeschränkt richtig sind, die nicht mehr gegen andere Umgangs- und Vorgehensweisen abgewogen werden müssen« (Grubner 2021, S. 65).

Worum es im Kern geht, ist die Eliminierung verunsichernder Ambivalenz. So wurde im Zuge von MeToo etwa immer wieder die Forderung laut, den Arbeitsplatz von jeglichen sexuellen Implikationen freizuhalten. Komplimente von Kollegen gelten genauso als Grenzverletzung wie eine höfliche Einladung zum Abendessen. Dass Menschen sich gerade durch die Arbeit näherkommen können, zumal sie auf diese Weise sehr viel Zeit verbringen, ist für MeToo-begeisterte Feministinnen kein Argument: Zum Kennenlernen, so sagte mir neulich eine junge Journalistin, gebe es doch die Dating-Plattform Tinder, wo ein Algorithmus dafür sorgt, dass nur die in Kontakt kommen, die das auch wirklich wollen. In gewisser Weise, so könnte man sagen, wiederholt sich hier auf erotischer Ebene, was Norbert Elias in Bezug auf die Notdurft im 11. Jahrhundert schrieb. Gut möglich, dass Menschen in 200 Jahren angeekelt auf das Jahr 2021 zurückblicken, als man sich im Büro hin und wieder doch noch anflirtete. Vor diesem Hintergrund ist auch der US-amerikanische Trend der sogenannten »love contracts« höchst aufschlussreich. Gemeint sind damit Versuche, das Unübersichtliche, Schillernde der erotischen Beziehung auch über das Gesetzliche hinaus durch Verträge zu regeln und damit zu vereindeutigen: Wie oft findet Geschlechtsverkehr statt? In welchem Rhythmus muss man sich wechselseitig den Satz »Ich liebe dich« sagen? Wie wird Haus- und Erziehungsarbeit aufgeteilt? Alle Details werden schriftlich festgehalten, um sich gegebenenfalls darauf berufen zu können (Schouwink 2019, S. 28).

In ihrem Buch *Die neue Liebesordnung* beschäftigt sich die Soziologin Eva Illouz mit diesem neuen Wunsch nach Regulierung, den sie an dem weltumspannenden Hype um den sadomasochistischen Roman *Shades of Grey* (2011) festmacht (Illouz 2013). Der Roman der US-amerikanischen Autorin E. L. James avancierte binnen kürzester Zeit zu einem Weltbestseller; erzählt wird die Liebesgeschichte zwischen der jungen Anastasia Steele und Christian Grey, einem mächtigen, charismatischen Sadisten. Das Liebesspiel der beiden wird dabei durch einen peniblen Vertrag genau geregelt, der eindeutige Positionen, Funktionen und Grenzen zuweist. Den entscheidenden Grund für dieses Regulierungsverlangen erkennt Illouz nun in jenen Effekten der Liberalisierung, wie sie aus der sexuellen Revolution selbst hervorgegangen sind: Allgemeine Regeln der Form, etwa der Höflichkeit, wurden als bürgerlich diffamiert und genauso außer Kraft gesetzt wie die Gültigkeit klar definierter geschlechtlicher Rollen: Der »Autonomiegewinn der Sexualität« habe »das Feld der emotionalen Interaktionen hochgradig verunsichert« (ebd., S. 70). Also brauche es, wenn der freie Markt der Körper so nicht funktioniert, Gesetze und Regeln, die das Diffizile, Widersprüchliche des Sexuellen wieder formalisieren. Den Erfolg von *Shades of Grey* führt Illouz auf genau diese Sehnsucht nach Klarheit zurück.

Doch so plausibel diese Analyse ist, lässt sie normativ Fragen offen: War die sexuelle Revolution also ein Fehler? Wollen wir zurück zu einer Geschlechterordnung, die auf strengen Anstandsregeln beruht? Wohl kaum.

Umso interessanter ist vor diesem Hintergrund ein Begriff, der, jenseits einer Verwahrlosung der Sitten auf der einen Seite und reinem Formalismus auf der anderen, auf etwas Drittes verweist. Nämlich auf das Gefühl für das in einer bestimmten Situation mit einem bestimmten Menschen Gebotene. Dieses Gefühl ist weder durch eine Regel diktiert noch gänzlich willkürlich. Gemeint ist: der Takt.

Feinste Vibrationen: Plessners Plädoyer für den Takt

Das lateinische tactus meint zu Deutsch: Berührung, Stoß. In der Taktilität ist diese Bedeutung sichtbar enthalten. Das Taktgefühl ist das Fein- oder auch: Fingerspitzengefühl. In seinem Buch *Grenzen der Gemeinschaft* widmet der Soziologe Helmuth Plessner diesem Gefühl ein ganzes Kapitel. Im Zentrum steht dabei die Frage, wie im gesellschaftlichen Verkehr das richtige Verhältnis von Nähe und Distanz zu finden sei. Der Formalismus von Anstandsregeln, so Plessner, ist keine Lösung, weil er das Besondere der Situation und des Gegenübers nicht zu erfassen vermag, also schlicht unpersönlich, künstlich und kalt ist: »Nun erleichtert eine Etikette des Salons die Bewältigung dieser Probleme, indem sie wenigstens den faux pas unwahrscheinlich macht. Kommt jedoch nicht der sichere Takt hinzu, der jeden Menschen auf individuelle Weise zu nehmen und gewissermaßen im Dunkeln seinen Weg zu finden weiß, so hat man das öde Salonlöwentum, jenen wie geschmiert gehenden Formalismus von Tadellosigkeit und Unterhaltung, mit dem die Menschen des kleinsten Formates Leute gleichen Schlages zu bluffen pflegen« (Plessner 2002, S. 106f.).

Ganz anders dagegen der Takt, der an die Stelle der bloßen Regelbefolgung die Sensibilität setzt: »Takt ist das Vermögen der Wahrnehmung unwägbarer Verschiedenheiten, die Fähigkeit, jene unübersetzbare Sprache der Erscheinungen zu begreifen, welche die Situation, die Personen ohne Worte in ihrer Konstellation, in ihrem Benehmen, ihrer Physiognomie nach unergründlichen Symbolen des Lebens reden. Takt ist die Bereitschaft, auf diese feinsten Vibrationen der Umwelt anzusprechen, die willige Geöffnetheit, andere zu sehen und sich selber dabei aus dem Blickfeld auszuschalten, andere nach ihrem Maßstab und nicht dem eigenen zu messen. Takt ist der ewig wache Respekt vor der anderen Seele und damit die erste und letzte Tugend des menschlichen Herzens« (ebd., S. 107). Kurzum: Das Taktgefühl ist ein Gefühl für Nuancen, für feinste Schwingungen in der Atmosphäre, die Kunst »außerrationaler, unmerklicher Vorfühlung [...] unter sorgfältiger Innehaltung der Distanz« (ebd., S. 110), so Plessner.

Diese hochsensible »Fernfühlung, Ferntastung unmerklicher, aber aufschlussreicher Dinge im dauernden Umschwung der Lagen« (ebd.) steht der Rigidität von Gesetzen genauso gegenüber wie der brutalen Eindeutigkeit des Authentischen, Echten. Wer im öffentlichen Verkehr nur er selbst sein will, macht nicht nur sich selbst angreifbar, sondern verletzt nur allzu leicht auch andere, wie der Soziologe ausführt.

Um diesen Gedanken auf heutige Debatten zu übertragen: Dass Plessner für taktlose »alte weiße Männer«, die nur ihrem unverfälschten, sexuellen Verlangen gehorchen, mithin wohl wenig übrig gehabt hätte, steht außer Zweifel. Doch auch zeitgenössischen identitätspolitischen Belangen sowie regulativen Einhegungen geschlechtlicher Interaktionen hätte Plessner, so legen die folgenden Zeilen nahe, zutiefst ablehnend gegenübergestanden: »Purismus, Rigorismus und Weltfeindlichkeit der sittlichen Prinzipien, Sittengesetzfanatismus und Eindeutigkeitsverehrung, pharisäische Pathetik der unbedingten Echtheit im Ausdruck und ausschließliches Geltenlassen der Schrankenlosigkeit – alles Symptome der gleichen Geisteshaltung des gehetzten und nichts so sehr als die Unwesentlichkeit verachtenden Maschinenmenschen« (ebd.).

Dennoch will Plessner auch den taktvollen Menschen keinesfalls als grundgut verstanden wissen. Wenn er vom »menschlichen Herzen« spricht, tut er dies ohne jede Verklärung, sondern mit einem klaren Bewusstsein für die Ambivalenz der Innerlichkeit. In diesem Sinn weist Plessner ganz ausdrücklich auf das Heikle, Gefahrvolle und Unberechenbare hin, das der menschlichen Begegnung als solcher innewohnt: »Auch das Herz, die Innerlichkeit verlangt Distanz, Klugheit, Kampf. Jede Schicht unseres Wesens ruft nach Spiel und Gefahr« (ebd., S. 112).

Plessners Schrift liest sich wie ein Appell, diese grundsätzliche Ambivalenz des Sozialen, die das Zwischenmenschliche so kompliziert macht, nicht zu tilgen, sondern in einer Kultur des Umgangs aufzuheben. Das Heikle einer Situation einfach zurückzubannen, indem es umgangen, totgeschwiegen, ignoriert oder schlicht verboten wird, tötet Gefahr und Spiel und damit die Lebendigkeit der Begegnung, aus der das Risiko nicht wegzudenken ist. Ganz anders dagegen die Kunst des Takts: Wer Feingefühl besitzt, nimmt das Heikle sehr genau wahr und in sich auf, erkennt den Ernst der Lage und vermag ihr gerade deshalb mit Leichtigkeit zu begegnen. Dass die Sache trotzdem schiefgeht, ist freilich nicht ausgeschlossen.

Ausweitung des Traumabegriffs

Es ist diese Unwägbarkeit des Sozialen, die das spätmoderne Sicherheitsbedürfnis stört: Je empfindsamer der Mensch für Gewalt, Leid, Tod wird, desto größer das Begehren, diese Gefahren verlässlich zu bannen. Je sensibler eine Gesellschaft, desto lauter der Ruf nach einem schützenden Staat. Lassen Sie mich im letzten Teil dieses Vortrags auf einen Punkt eingehen, der für diese Dynamik zentral ist und auch das Abstandsbegehren entscheidend vorangetrieben hat: Ich meine die grundlegende Transformation des Traumabegriffs. Von etwas »traumatisiert« oder »retraumatisiert zu sein«, ist heute nachgerade zu einem alltäglichen Sprechakt geworden. Eine Berührung am Knie, ein blöder Spruch an der Hotelbar, aber auch Filme, Romane, einzelne Wörter: Nahezu alles kann traumatisieren beziehungsweise retraumatisieren. Wirkliche, schwere Traumata werden durch die inflationäre Verwendung des Begriffs nolens volens bagatellisiert.

Wer diese so folgenschwere Entwicklung verstehen will, muss bei Sigmund Freud anfangen. Freuds Traumabegriff war fokussiert auf schwerste seelische Erschütterungen, denen das Individuum aber durchaus etwas entgegenzusetzen weiß. In seinem 1920 erschienenen Aufsatz »Jenseits des Lustprinzips« beschäftigt er sich mit Kriegstraumata, die den »Reizschutz« des seelischen Apparats durchbrechen (Freud 2000). Freud erkannte und anerkannte die Ohnmacht der Kriegsopfer klar: Einem Menschen wurde Gewalt zugefügt. Doch: Er hat überlebt. Etwas in ihm hat ihn nicht sterben lassen. Diese aus der Todesangst geborene Kraft entbindet sich unbewusst im Moment der Gewalt. Sie entspringt einem unbändigen, urgeschichtlichen Lebensdrang, einem Antrieb, der den Menschen über sich hinaushebt, ohne dass er selbst sich intentional dazu entschließen könnte. Diese Kraft ist es, die das Opfer im entscheidenden Moment gerettet hat und jetzt gegen den traumatischen Einbruch in Stellung gebracht werden kann, so sie den Weg ins Bewusstsein findet.

Genau hierin liegt der Kern der psychoanalytischen Traumaarbeit: an die Triebkraft anknüpfen, die akut im Augenblick der Gewalt zum Tragen kam und den realen oder den psychischen Tod verhindern konnte, um dann im Prozess des Durcharbeitens alle Kräfte aufbringen zu können, die lebensbedrohliche, existenzielle Krise zu bewältigen, gar gestärkt aus ihr hervorzugehen.

Indem Freud durch die Analyse die Abwehrkräfte des Opfers zu mobilisieren hofft, stellt er sich, auch wenn der Begriff damals noch nicht geläufig war, klar hinter das Konzept der Resilienz. So ohnmächtig ein Mensch in einer traumatischen Situation auch ist (und dass er es ist, daran lässt Freud keinen Zweifel): Er trägt über die Triebkraft einen unbewussten Lebenswillen in sich, der, hat er den Weg ins Bewusstsein gefunden, produktiv gegen den traumatischen Einbruch gewendet werden kann.

Besieht man sich nun vor diesem Hintergrund die Fortentwicklung des Traumabegriffs, zeigt sich, dass es seit den 1970er- und 1980er-Jahren ein tiefes Interesse gibt, den Fokus vom Individuum weg und stattdessen auf die äußeren Umstände zu richten. Maß-

geblich infolge des Vietnamkrieges tritt das Konzept der »Posttrau-
matischen Belastungsstörung« auf den Plan und drängt die persönliche Konstitution aus dem Blickfeld. Wichtig ist von nun an
einzig das traumatische Ereignis selbst – und nicht eine wie auch
immer geartete Psycho-Logik (Goltermann 2017, S. 209ff.). So begann man, den Menschen in seiner Belastungsgrenze mehr oder
weniger maschinell zu denken: Die Grenze ist, ähnlich wie bei
einer Maschine, objektiv bestimmbar. Durch dieses neue, post-
psychoanalytische Traumaverständnis wurde ein regelrechter »Ge-
zeitenwechsel« (ebd., S. 212) verursacht: »Die entscheidende Annahme lautete, dass nahezu jedes Individuum, das ein solches
Ereignis erlebte, einige der charakteristischen Belastungssymptome
entwickeln würde« (ebd., S. 209).

1980 streicht die Amerikanische Psychiatrische Gesellschaft
(APA), der global einflussreichste Verbund von Psychiaterinnen
und Psychiatern, die Neurose aus dem Klassifikationssystem psy-
chiatrischer Krankheiten, dem sogenannten *Diagnostic and Statisti-*
cal Manual of Mental Disorders, kurz DSM. In seinem Buch *Shy-*
ness bezeichnet der Medizinhistoriker Christopher Lane das DSM
als »Bibel der Psychiatrie«, die das Verständnis von Krankheit weltweit fundamental prägt und gleichzeitig die Macht der Pharma-
industrie nachhaltig ausgebaut habe (Lane 2007, S. 3). Während
die Neurose an die Persönlichkeit und die individuelle Geschichte
geknüpft ist, werden psychische Störungen durch den Einfluss der
antifreudianisch ausgerichteten APA zunehmend medikamentös
behandelt.

Nun zeigte sich allerdings recht schnell nach der Veröffentlichung der dritten Fassung des DSM aus dem Jahr 1980, dass die
zentrale Annahme so nicht haltbar war: Nicht alle Menschen reagieren auf bestimmte Ereignisse in derselben Weise. Es gibt mithin, so musste man feststellen, durchaus Dispositionen. Diese Ein-
schränkung wurde in einer überarbeiteten Fassung des DSM
gewissermaßen kompensiert, indem man die Symptome für eine
Posttraumatische Belastungsstörung viel weiter fasste. Im DSM IV
von 1994 tauchen entsprechend als Auslöser für eine Posttraumati-

sche Belastungsstörung nicht mehr nur außergewöhnliche Ereignisse wie Krieg oder der Tod eines nahen Verwandten auf, sondern, allgemeiner, Ereignisse, die die psychische Integrität verletzen (Goltermann 2017, S. 214).

Was aber verletzt die psychische Integrität? Eine Vergewaltigung oder schon ein Kompliment im Büro? Als Kriterium hierfür, so die Historikerin Svenja Goltermann, habe man ein »subjektives Element« in den Traumabegriff aufgenommen: »Die Person musste als Reaktion auf das Ereignis ›intensive Angst, Hilflosigkeit oder Entsetzen‹ verspürt haben. Was als ›traumatisches Ereignis‹ deklariert werden konnte, war damit individuellen Zuschreibungsprozessen zugänglich geworden« (ebd.).

Die Zwiespältigkeit dieser Entwicklung liegt auf der Hand: Auf der einen Seite bekamen Opfer eine Stimme, ihr Leid wurde anerkannt und öffentlich thematisiert. Auf der anderen Seite aber wurde durch die zunehmende Subjektivierung der Krankheit immer unklarer, was genau ein Opfer eigentlich ist. Wenn letztlich die individuelle Wahrnehmung darüber entscheidet, was als Trauma klassifiziert wird: Wie wäre dann die Gefahr zu vermeiden, dass die Diagnose etwa vor Gericht missbraucht wird (ebd., S. 215)? Darüber hinaus, so betont Goltermann, ermöglicht die Konjunktur des Traumabegriffs nicht nur eine Narration des Leids, sie blockiert auch Geschichten: Sträflich vereinfachend werde das Konzept »Trauma« auf vergangene Phänomene angewandt, die eine viel eingehendere Analyse verdient hätten (ebd., S. 233). Zudem sei es regelrecht verführerisch, die eigene Geschichte als reine Opfergeschichte zu erzählen. Wer Opfer ist, ist unschuldig und kann auch finanzielle Ansprüche geltend machen: »Es ist die Rationalität des westlichen Entschädigungsdiskurses, die es unverzichtbar macht, sich bei geltend gemachten Entschädigungsansprüchen als Opfer und nur als Opfer zu bezeichnen« (ebd., S. 232).

Entscheidend aber ist für das Verständnis unserer Zeit vor allem dieser Punkt: Gegenwartsphänomene wie die Triggerwarnung weisen darauf hin, dass im Fokus des Interesses – anders als noch bei Freud – immer weniger die eigenen psychischen Widerstandskräfte zu stehen scheinen, als vielmehr die Frage, wie die Seele von außen geschützt werden kann. Sie zu schützen heißt, äußere Gefahren am besten nahezu vollständig abzuwenden respektive rechtzeitig auf sie hinzuweisen.

»Trigger« meint zu Deutsch: Auslöser. Gemeint ist damit im psychologischen Zusammenhang, wenn ein Mensch durch spezielle Vorkommnisse auf ein Trauma zurückgeworfen wird. Ein Trigger kann alles Mögliche sein: vom Silvesterknaller, der an den Krieg erinnert, bis hin zu erotischen Gedichten, die eine Vergewaltigung oder sexuelle Belästigung psychisch reaktivieren. Triggerwarnungen sollen ein retraumatisierendes Wiedererinnern verhindern, indem sie rechtzeitig über bestimmte Darstellungsformen informieren und so dem betreffenden Menschen die Möglichkeit geben, von der Rezeption eines Buches oder eines Films abzusehen.

Wenn aber Wörter mit Verletzungsrisiko weiträumig zu umgehen respektive vollkommen kontextunabhängig zu tilgen sind; wenn Ausstellungen, in denen Motive mit negativem Assoziationspotenzial zu sehen wären, nicht stattfinden können; wenn die Erotik aus Angst vor Grenzverletzungen am Arbeitsplatz nichts mehr zu suchen hat, dann sind Freiheit und Autonomie in Gefahr. Überspitzt formuliert: Der Mensch droht zu einer offenen Wunde zu werden, die vor jedem Infektionsrisiko zu schützen ist.

In diesem Bild zeigt sich die destruktive, trennende Seite gesteigerter Sensibilität: An die Stelle fortschrittlicher Empfindsamkeit für eigene und fremde Grenzen tritt zunehmend eine regressive Empfindlichkeit, ja Reizbarkeit, um nicht zu sagen: Allergie – gegen jede Form von Zumutung. Die Folgen: gesellschaftliche Zersplitterung und Vereinzelung. Aseptische Berührungslosigkeit.

Womit wir wieder am Ausgangspunkt dieser Überlegungen angelangt wären, dem modernen Distanzverlangen. Es ist höchste Zeit zu verstehen, dass die gesellschaftliche Aufgabe nicht darin liegen kann, jede Zumutung zu vermeiden und die Ambivalenz des Sozialen in tote Eindeutigkeit aufzulösen. Vielmehr müssen die Menschen befähigt werden, mit einer Zweischneidigkeit umzugehen, die im Sozialen selbst liegt. Nur wenn uns dieser Umgang gelingt, sind wir mündig. Nur dann sind wir erwachsen. Nur dann sind wir frei.

Literatur

Böhme, Gernot (2021): Die vierte hygienische Revolution? In: Philosophie Magazin 3/2021, S. 16–19.

Böhme, Rebecca (2019): Human Touch. Warum körperliche Nähe so wichtig ist. Erkenntnisse aus Medizin und Forschung. C. H. Beck, München.

Canetti, Elias (1978): Masse und Macht. Büchergilde Gutenberg, Frankfurt am Main / Wien.

Elias, Norbert (1997): Über den Prozeß der Zivilisation. Soziogenetische und psychogenetische Untersuchungen. 2 Bände. Suhrkamp, Frankfurt am Main.

Freud, Sigmund (2000): Jenseits des Lustprinzips. In: Studienausgabe. Herausgegeben von Alexander Mitscherlich u. a. Band 3: Psychologie des Unbewussten. S. Fischer, Frankfurt am Main, S. 213–272.

Goltermann, Svenja (2017): Opfer. Die Wahrnehmung von Krieg und Gewalt in der Moderne. S. Fischer, Frankfurt am Main.

Grubner, Bernadette (2021): Viruslust. In: Philosophie Magazin 4/2021, S. 62–65.

Illouz, Eva (2013): Die neue Liebesordnung. Frauen, Männer und Shades of Grey. Suhrkamp, Berlin.

Lane, Christopher (2007): Shyness. How Normal Behaviour Became a Sickness. Yale University Press, New Haven / London.

Plessner, Helmuth (2002): Grenzen der Gemeinschaft. Eine Kritik des sozialen Radikalismus. Suhrkamp, Frankfurt am Main.

Schouwink, Theresa (2019): Lässt sich Liebe regeln? In: Philosophie Magazin 6/2019, S. 28.

Thadden, Elisabeth von (2018): Die berührungslose Gesellschaft. C. H. Beck, München.

KATINKA SCHWEIZER

Körper-Ich und leibhaftige Vitalität
Psychodynamische Zugänge und neue Rechtsgrundlagen zur
Geschlechtervielfalt am Beispiel der Intergeschlechtlichkeit

Vorbemerkung

Das Thema *Leibhaftigkeit* – insbesondere Körperlichkeit und Körpererfahrungen – hat mich in den letzten Jahren klinisch und wis-
senschaftlich sehr beschäftigt, insbesondere bei der Untersuchung
des Zusammenspiels von Identitätsentwicklung und Geschlechts-
erfahrung, aber natürlich auch höchstpersönlich, wie wahrscheinlich die meisten von uns. Unsere Körper sind in dieser pandemi-
schen Zeit, die im Februar/März 2020 begonnen hat, neu in den
Blick geraten und zum öffentlichen Gegenstand und Verhand-
lungsobjekt geworden. Wen darf ich leibhaftig sehen, treffen, berühren und mehr, und wen nicht? Unsere freiheitliche und selbst-
bestimmte Gesellschaft erlebt eine ungeahnte Einmischung
staatlicher Strukturen ins Private, ins Körperliche, ins Leibliche.

 Das Thema meines Vortrags bewegt sich im Spannungsfeld von
verbogener und vernichteter Vitalität und Körperlichkeit bei Menschen mit Varianten der Geschlechtsentwicklung.

Einleitung und Fragestellung

In diesem Beitrag möchte ich auf ein sehr körperliches und vitales,
aber zugleich vernachlässigtes und kaum bekanntes Thema eingehen: Intergeschlechtlichkeit und angeborene Varianten der körperlichen Geschlechtsentwicklung. Lange Zeit wurde das Themenfeld allein in der Medizin »behandelt«. Das Behandlungsvorgehen

sah vor, Menschen mit Varianten der Geschlechtsentwicklung an eines der beiden Hauptgeschlechter, meist an das weibliche, äußerlich anzupassen. Dies geschah durch medizinische Maßnahmen, wie frühe Genitaloperationen, Entfernung der Keimdrüsenanlagen und anschließender Hormonersatztherapie. Die zugrunde liegende Logik war die eines Reparaturprinzips. Intergeschlechtliche Körperformen wurden als Irrtum, als Fehler der Natur und »sex errors« bezeichnet, die es zu »korrigieren« galt (Money, Hampson & Hampson 1955). Vor dem Hintergrund eines psychodynamischen Entwicklungsverständnisses entstehen angesichts dieser bis heute präsenten Denkweisen wichtige Fragen: Wie entwickelt ein Kind ein stabiles Körperselbst, eine positive Körperbesetzung, die Fähigkeit zur Selbstannahme und mehr, wenn es früh erlebt und erfährt, dass das eigene körperliche So-Sein nicht anerkannt wird und der eigene Körper aufgrund der Geschlechtsvorstellungen erwachsener Anderer »korrigiert« und ohne körperliche Not »repariert« werden muss? Wie verhält es sich mit dem von Freud postulierten »Körper-Ich« bei intergeschlechtlichen Menschen, die zum einen körperlichgeschlechtliche Mehrdeutigkeit erfahren, zum anderen eine medizinische und psychosoziale Versorgung bekommen, die ihren Körper nicht in seiner Individualität akzeptiert?

Inzwischen befinden wir uns allerdings in einem Paradigmenwechsel. Maßgebend dafür war der Protest erwachsener Patient:innen, Aktivist:innen und Selbstvertretungsgruppen gegen das alte Vorgehen, das auch unter dem Begriff der »Optimal Gender Policy« bekannt wurde. In Deutschland war die Stellungnahme des Deutschen Ethikrats zur Intersexualität von 2012 ein wichtiger Meilenstein. Seitdem gab es politische Aufmerksamkeit und weitreichende rechtliche Änderungen und Versuche der Sichtbarmachung. Dazu zählten die Erweiterung des Personenstandsrechts in den Jahren 2013 und 2018 und aktuell das 2021 verabschiedete Gesetz zum Schutz der geschlechtlichen Selbstbestimmung und der körperlichen Unversehrtheit von Kindern mit angeborenen Varianten der Geschlechtsentwicklung.

In Psychotherapie und Seelsorge sind diese Neuerungen, so wie in der Allgemeinbevölkerung insgesamt, kaum bekannt. Ein weiteres Problem ist das fehlende Grundwissen über die Unterschiede zwischen Inter- und Transgeschlechtlichkeit. Schließlich lässt sich wiederkehrend eine Versteifung und Rigidität in den psychosozialen Fächern wahrnehmen, wenn es um Themen der Geschlechtlichkeit und Sexualität geht. Dies ist für das Feld der Psychotherapie ein besonders bedauernswertes Phänomen, da wir gerade in der psychodynamischen Tradition einen Reichtum an Theorien zur Verfügung haben, die in der Lage sind, geschlechtliche Vielfalt und Diversität konzeptionell abzubilden.

Eine zentrale Frage soll diesen Text begleiten, nämlich wie wir als Seelsorger:innen und Psychotherapeut:innen Kinder, Jugendliche und erwachsene Menschen mit Varianten der Geschlechtsentwicklung und werdende Eltern von Inter-Kindern besser wahrnehmen und begleiten können. Eine erste Antwort möchte ich schon vorwegnehmen: durch mehr Wissen über ihre Existenz.

Dieser Beitrag beginnt mit einem Abschnitt zur Klassifikation, Terminologie, Sprache und zu psychosozialen Fragen. Anschließend werden wissenswerte Aspekte wie rechtliche Neuerungen vorgestellt und psychodynamische Zugänge zur Geschlechtervielfalt aufgeführt. Der Beitrag endet mit einem Fazit und greift darin Aspekte der aktuellen, auch in Lindau geführten Geschlechter-Diskussion auf.

I. Intergeschlechtlichkeit – oder Varianten der Geschlechtsentwicklung? Terminologie, Klassifikation und psychosoziale Aufgaben

Von Varianten der Geschlechtsentwicklung oder Intergeschlechtlichkeit sprechen wir, wenn bei Menschen körperlich eine »Zwischengeschlechtlichkeit« vorliegt oder in anderen Worten, wenn die körperlichen Geschlechtsmerkmale nicht alle einem oder demselben Geschlecht entsprechen. Der semantisch auf ein Kontinuum hinweisende Begriff der Intergeschlechtlichkeit impliziert geschlechtliche Zwischenstufen, wie sie bereits von Magnus Hirschfeld in den 1920er-Jahren in seiner Theorie der sexuellen Zwischenstufen postuliert wurden. So benennt Inter-Geschlechtlichkeit einen Zwischenraum und impliziert eine Geschlechtlichkeit im Dazwischen. In einem solchen Geschlechtsmodell eines Kontinuums könnten Weiblichkeit und Männlichkeit als jeweilige Endpole gedacht werden. Andere Modelle etwa betrachten jede Geschlechtlichkeit auf eigener Dimension oder Ebene.

Die Terminologie zur Beschreibung von körperlichen Varianten ist uneinheitlich und umstritten. Der in den 1960er-Jahren geprägte Begriff »Intersexualität« (Overzier 1961) ist inzwischen abgelöst, aber immer noch im Gebrauch. Auch der medizinische Oberbegriff »Störungen der Geschlechtsentwicklung« hat viel Kritik erfahren; besonders bei ehemaligen Patient:innen, Aktivist:innen und Erfahrungsexpert:innen hat er für Unmut gesorgt, so dass inzwischen in der Medizin in Deutschland der Begriff »Varianten der Geschlechtsentwicklung« verwendet wird, um eine Vielzahl von körpergeschlechtlichen Formen und Phänomenen zu beschreiben. Einordnen und gruppieren lässt sich diese Vielzahl anhand des genetischen Status.

Körperliche »Varianten der Geschlechtsentwicklung« wurden in der Vergangenheit auch unter den Oberbegriffen »Intersexualität« oder »Hermaphroditismus« benannt. Manche Menschen mit der Erfahrung einer vorliegenden Variante der körperlichen Geschlechtsentwicklung verwenden auch als Selbstbeschreibung den Begriff »Intergeschlechtlichkeit«, so wie es aktuell der Bundesverband intergeschlechtlicher Menschen e. V. praktiziert.

Vielfach wird der Begriff Intergeschlechtlichkeit verwechselt mit ähnlich klingenden Begriffen, die jedoch andere Phänomene und Gruppen zu beschreiben versuchen. Am häufigsten werden Inter- und Transgeschlechtlichkeit verwechselt. Für das gemeinsame politische Anliegen nach Anerkennung, Schutz und Antidiskriminierung mag dies unproblematisch sein; andererseits dürfen wir von uns psychosozialen Fachvertreter:innen Differenzierung erwarten.

Beide Begriffe befinden sich im Wandel. »Transgeschlechtlichkeit« wird klinisch heute als »Geschlechtsdysphorie« (DSM 5) oder »Geschlechtsinkongruenz« (ICD 11) bezeichnet. Anders als bei Intergeschlechtlichkeit ist bei Trans* das Körpergeschlecht in der Regel »eindeutig«, dagegen entsteht ein Leidensdruck durch erlebte Unstimmigkeit zwischen subjektiver Geschlechtsidentität und dem zugeschriebenen sozialen und Körpergeschlecht.

Wieso fällt die Unterscheidung zwischen Trans- und Intergeschlechtlichkeit vielen so schwer? Die körperlichen Inter*-Varianten bleiben häufig hinter Trans*-Entwicklungen verborgen. Trans*-Phänomene haben in den letzten Jahren viel mediale Aufmerksamkeit erhalten und auch für öffentliche Erregung gesorgt, aktuell z. B. im Rahmen der Diskussion um die Behandlung von Jugendlichen mit pubertätsaufschiebenden Hormonen und der politischen Debatte um den Gesetzesentwurf zur »Geschlechtlichen Selbstbestimmung« und Abschaffung des sogenannten Transsexuellengesetzes von 1981. Intergeschlechtlichkeit bleibt unter den verschiedenen Ausdrucksformen der Geschlechtervielfalt das »Stiefkind«, das unsichtbare Phänomen. Ein Grund dafür liegt zum einen darin, dass Unsichtbarmachen und Verschweigen statt Anerkennung und Aufklärung das Handeln und den Umgang mit Intergeschlechtlichkeit in der Gesundheitsversorgung lange Zeit geprägt haben. Betroffenen und ihren Eltern wurden die Diagnosen oft vorenthalten, wenn sie denn überhaupt bekannt waren.

Ein anderer Grund ist sicher auch die Vielfalt und Mannigfaltigkeit der verschiedenen Formen und Diagnosegruppen, die unter dem Varianten- bzw. Inter*-Oberbegriff zusammengefasst werden. Diese sind in vielen vorliegenden Publikationen beschrieben worden (Schweizer 2021; Schweizer 2012). Ein kurzer Überblick soll die Formenvielfalt skizzieren.

Klassifikation, Nomenklatur und Formenvielfalt
Die Gruppe der Varianten der Geschlechtsentwicklung ist sehr heterogen. Die gebräuchlichen Oberbegriffe umfassen sehr viele verschiedene körperliche Formen, die wiederum sehr verschie-

denen medizinischen Entitäten und Diagnosegruppen zugeordnet werden.

Nach der S2k-Leitlinie der Arbeitsgemeinschaft der wissenschaftlich-medizinischen Fachgesellschaften (AWMF 2016) werden unter Varianten der Geschlechtsentwicklung (VdG) »Diagnosen zusammengefasst, bei denen die Geschlechtschromosomen, das Genitale oder die Gonaden inkongruent sind« (AWMF 2016, S. 5). Kritisch fragen lässt sich, worauf sich die hier benannte »Inkongruenz« bezieht. Ausgegangen wird dabei scheinbar von einem normativen Geschlechtermodell, nach dem die verschiedenen körperlichen Merkmale einer Person einem oder derselben Geschlechtszuschreibung entsprechen »sollten«. Dies ist bemerkenswert, da VdG dieses konventionelle Modell durch ihre biologisch bedingten, angeborenen multiplen »Inkongruenzen« selbst hinterfragen.

Diese Definition der Leitlinie geht auf eine medizinische Konsensuskonferenz von 2005 in Chicago zurück (Hughes et al. 2006; Schweizer & Richter-Appelt 2012). Eine Absicht dieser Konferenz war es, begriffliche Klarheit zu schaffen und die älteren Begriffe Intersexualität, Hermaphroditismus und Pseudohermaphroditismus und einzelne als »unpräzise« benannten Diagnosekategorien, etwa den Terminus »testikuläre Feminisierung«, abzulösen. Der Wunsch nach begrifflicher Klarheit ist weiterhin vorhanden. Gleichzeitig koexistieren verschiedene Oberbegriffe, die von verschiedenen Gruppen bevorzugt oder verwendet werden. Dies ist ein Nachteil für die Allgemeinverständlichkeit und gleichzeitig ein Ausdruck von sprachlichem Pluralismus, der unser Denken auch schärfen und wachhalten kann.

»Varianten der Geschlechtsentwicklung (VdG)«, »Intersex«, »Intergeschlechtlichkeit«, »Intersexualität« und »Varianten der körperlichen Geschlechtsmerkmale« und in der Medizin auch noch der kritisierte Begriff »Störungen der Geschlechtsentwicklung (engl. Disorders of sex development, DSD)« sind trotzdem weiterhin nahezu synonyme Oberbegriffe, die auf körpergeschlechtliche Varianten und mehrdeutige, untypische Erscheinungsformen zutreffen. Bei diesen angeborenen Formen ist die körperliche Geschlechtsentwicklung auf der genetischen, gonadalen, hormonellen und/oder anatomischen Ebene weder typisch weiblich noch typisch männlich verlaufen.

Ein Beispiel ist die sogenannte Androgeninsensitivität, die auch als Androgenresistenz bekannt ist. Schauen wir uns die sogenannte »Komplette Androgeninsensitivität« (engl. Complete Androgene Insensitivity Syndrome, CAIS) etwas näher an: Diese Form kommt bei Menschen mit männlich zugeschriebenem »genetischem Geschlecht«, also vereinfacht ausgedrückt mit männlich konnotiertem Genotyp (46,XY Karyotyp) vor. Das anatomische Geschlecht, sozusagen der »Phänotyp«, erscheint bei der Geburt als weiblich. Und da in unserer Kultur die Geschlechtszuweisung nach der Geburt meist allein anhand des »Genitalbefunds« vorgenommen wird, werden Kinder mit Androgeninsensitivitäten[1] (AIS) und weiblich erscheinendem Phänotyp meist als Mädchen gesehen, erzogen und sozialisiert. Erst wenn die erwartete Menarche ausbleibt und eine gynäkologische Ultraschalluntersuchung etwa das Fehlen eines Uterus bestätigt, ergibt eine anschließende Blutuntersuchung möglicherweise den Hinweis auf die »Inkongruenz« zwischen »männlich« konnotiertem 46,XY Chromosomensatz und dem »weiblich« gelesenen äußeren Genitale. Dieses Kind, das als Mädchen groß wird, hat auch Hoden, die oft nicht herabgestiegen sind und im Bauchraum oder der Leistengegend liegen und Androgene produzieren, deren vermännlichende Wirkung aufgrund der Insensitivität jedoch ausbleibt. Trotzdem haben diese körpereigenen Hormone eine Wirkung für den Gesamtorganismus. Das zeigen die Berichte und ersten Studien von Patient:innen, deren Gonaden entfernt wurden und die deshalb »künstliche Hormone« einnehmen mussten, wie es umgangssprachlich heißt.

Dieses Thema der Gonadektomien (Entfernung der Gonaden bzw. Keimdrüsen) ist eines der kontrovers diskutieren Themen der vergangenen Jahrzehnte im Umgang mit Intergeschlechtlichkeit (Lampalzer et al. 2021). Ein weiteres Streitthema sind frühe Genitaloperationen bei anderen Varianten der Geschlechtsentwicklung, wie dem Adrenogenitalen Syndrom (AGS) bei Kindern mit »weiblich« konnotiertem Genotyp und genetischem Geschlecht (46,XX Karyotyp) und männlichem oder mehrdeutigem Phänotyp.

Wir stellen fest: Das Themenfeld und die Formenvielfalt sind groß. Sie soll in der folgenden Tabelle überblicksartig dargestellt werden. Weitere Formen sind die Gonadendysgenesien und Störungen der Androgenbiosynthese (wie der 5-alpha-Reduktase- und 17-beta-HSD-Mangel), aber auch bekanntere Phänomene wie das Klinefelter- (47, XXY) und das Ullrich-Turner-Syndrom (45, X0); auch sogenannte »schwere« Hypospadien zählen nach aktueller medizinischer Klassifikation zu den Varianten der Geschlechtsentwicklung (AWMF 2016).

Tabelle 1 (S. 33) gibt eine Übersicht über die aktuelle Klassifikation, die einer genetischen Geschlechterordnung folgt. Entsprechend werden aktuell die verschiedenen Varianten der Geschlechtsentwicklung nach dem Karyotyp (Chromosomensatz) gruppiert in XX-chromosomale (46,XX DSD), XY-chromosomale (46,XY DSD) und Geschlechtschromosomale Varianten (Sex Chromosome DSD).

Ausgehend von der Annahme und biologischen Beobachtung, dass kein Körpergeschlecht dem anderen gleicht und in einem erweiterten Verständnis jede:r über eine Variante der Geschlechtsentwicklung verfügt, wurde die Tabelle erweitert um die Kategorien und Selbstbezeichnungen »Männer« und »Frauen«.

Ein weiterer Grund für die Unsichtbarkeit und das allgemeine Unwissen über Intergeschlechtlichkeit könnte auch die Fehlannahme sein, es handele sich um sehr seltene Phänomene. Dies trifft zwar auf einige Formen zu, aber keinesfalls auf das ganze Spektrum der intergeschlechtlichen Formen. Das Auftreten von Intergeschlechtlichkeit/VdG-Varianten gilt übrigens als sehr viel häufiger als transgeschlechtliche Entwicklungen es sind, die wiederum viel bekannter sind (Collin et al. 2016; Hauck et al. 2019). Allerdings bleibt es schwer, exakte Häufigkeiten von Varianten der Geschlechtsentwicklung zu bestimmen, denn die Oberbegriffe umfassen eben sehr verschiedene Formen und Diagnosegruppen. Außerdem werden manche Formen gar nicht oder erst spät erkannt oder als andere medizinische Besonderheiten benannt.

Varianten der Geschlechtsentwicklung (VdG)
46,XY
• Männer • »XY-Frauen« • »XY-Menschen« • Formen der Androgeninsensitivität (z. B. partiell, komplett) • Gonadendysgenesien (z. B. reine Gonadendysgenesie) • Androgenbiosynthese-Defizite (z. B. 5α-Reduktase-2-Mangel, 17-β-Hydroxysteroid-Dehydrogenase-3-Mangel)
46,XX
• Frauen • »XX-Menschen« • Formen des Adrenogenitalen Syndroms (z. B. AGS mit und ohne Salzverlustkrise)
Geschlechtschromosomale Formen (Mosaikformen u. a.)
• Ovotestikuläre Formen • Chromosomal bedingte Gonadendysgenesien (z. B. 45,X/46,XY) • Klinefelter-Syndrom (47,XXY) • Turner-Syndrom (45,X0)

Tabelle 1

So sind das sprachliche Ausweichen, Vereinfachen, Umschreiben und auch Verschweigen im Bereich des Geschlechtlichen nach wie vor häufig anzutreffende Umgangsweisen in der medizinischen Mitteilung dieser Diagnosen. Dies ist eine wichtige Information für Psychotherapeut:innen, denn manche Patient:innen sprechen uns gegenüber vielleicht eher von »gynäkologischen Problemen« oder einer »Hormonstörung« als einer Variante der Geschlechtsentwicklung oder Intergeschlechtlichkeit. Hier sollten wir aufmerksam zuhören und keine Angst haben nachzufragen. Schätzwerte zur Häufigkeit liegen bei 1 zu 4.500 Geburten mit mehrdeutigem, untypischem Genitale (Thyen et al. 2006; Hughes et al. 2006). Eine Übersichtsarbeit ergab, dass die Häufigkeitsangaben je nach zugrunde liegender Definition bei einem Range von etwa 0,02 bis 1,7 % bzw. 3,9 % liegen (Hauck et al. 2019). Eine größere Zahl nicht diagnostizierter oder näher benannter Formen sowie eine große Dunkelziffer werden zusätzlich angenommen.

Psychosoziale und psychosexuelle Fragen

Versetzen wir uns noch einmal in die Perspektive eines Mädchens mit einer kompletten Androgeninsensitivität (s. o.). Wie mag es dieser Jugendlichen nun gehen, nachdem sie erfahren hat, dass sie genetisch männlich sei und eine Variante der Geschlechtsentwicklung habe? Dies hängt sicherlich von vielen Faktoren ab, auch davon, wie die Diagnose vermittelt wird, wie aufgeklärt sie ist über die biologische Geschlechtervielfalt und ob sie bereits ein Wissen darüber hat, dass es Varianten der Geschlechtsentwicklung gibt und man gut damit leben kann. Wie wird sie mit diesem neuen Körperwissen umgehen und zurechtkommen? Wie gruppiert sie sich ein in ihrer Peergroup, wie entwickelt sie eine eigene Identität? Wird sie mit ihren Freunden, ihrer Familie darüber sprechen? Oder wird sie lernen zu schweigen und zu verdrängen? In der Vergangenheit wurde den Betroffenen und ihren Familien oft geraten zu schweigen, es keinem zu erzählen. Heute wissen wir um die fatalen Folgen des Verschweigens, der Selbstverleugnung und der damit möglicherweise verbundenen Isolation, Entfremdung vom eigenen Körper und von wichtigen Menschen. Heute werden Betroffene im medizinischen Kontext auf Selbsthilfegruppen hingewiesen. Die AWMF-Leitlinie empfiehlt darüber hinaus eine umfassende psychosoziale Begleitung. Diese wird in der Praxis jedoch nur an wenigen Zentren vorgehalten. Umso mehr sind alle aufgeschlossenen Expert:innen im psychosozialen Feld gefragt, sich an der Unterstützung und Begleitung intergeschlechtlicher Menschen zu beteiligen.

Praktischer Exkurs für Psychotherapieanträge

Manche Patient:innen mit einer Variante der Geschlechtsentwicklung kommen vielleicht erst viele Jahre später nach der Diagnosestellung, die ihnen vielleicht auch gar nicht direkt mitgeteilt wurde, als Erwachsene in eine Psychotherapie und nennen zunächst andere Therapieanliegen. Andere kommen eventuell nach dem Aufdecken der eigenen Körpergeschichte oder aufgrund von Irritationen der eigenen Geschlechtszugehörigkeit. Ob das Vorliegen einer körpergeschlechtlichen Variante von der Psychotherapeutin oder dem Psychotherapeuten erkannt wird, hängt auch vom Nachfragen und der Aufmerksamkeit für Körpererfahrungen und -eingriffe ab.

Für die Verschlüsselung von Varianten der Geschlechtsentwicklung nach der noch gültigen ICD 10 sind die verschiedenen Formen in sehr unterschiedlichen »somatischen« Kapiteln zu finden. Entsprechend der jeweils betroffenen Organsysteme finden wir beispielsweise das Adrenogenitale Syndrom (AGS) im Kapitel E unter »Endokrinen, Ernährungs- und Stoffwechselkrankheiten« unter der Ziffer E25.9 kodiert. Im Kapitel N, den »Krankheiten des Urogenitalsystems«, finden sich z. B. die »Klitorishypertrophie« (N90.8), im Kapitel Q, »Angeborene Fehlbildungen, Deformitäten und Chromosomenanomalien«, finden sich die »Gonadendysgenesien« (Q96.9), das »Klinefelter-Syndrom« (Q98.0) sowie der inzwischen kritisierte Terminus »Pseudohermaphroditismus masculinus« (Q56.3), der jedoch noch zur Verschlüsselung der Androgeninsensitivitäten verwendet wird, da aus ätiologischer Sicht den meisten AIS-Varianten Genmutationen (z. B. beim CAIS) zugrunde liegen.

2. Neue Rechtsgrundlagen für Menschen mit Varianten der Geschlechtsentwicklung

Der oben formulierten These zu gesellschaftlicher Unsichtbarkeit und fehlendem Wissen über Intergeschlechtlichkeit muss für einen Moment widersprochen werden. In den letzten Jahren waren es in Deutschland vor allem juristische Änderungen, die das Thema in die öffentlichen Medien transportierten. Zumindest für einen Tag war Intergeschlechtlichkeit in aller Munde und in allen Medien präsent: Am 17. November 2017 gab das Bundesverfassungsgericht den im Oktober 2017 gefassten Beschluss zur Erweiterung oder Abschaffung des Geschlechtseintrags im Personenstandrechts bekannt. Der Auftrag lautete wie folgt: »Bis Ende 2018 muss der Bundestag eine Entscheidung zur Einführung einer dritten positiven Geschlechtskategorie oder zur Abschaffung des geschlechtlichen Personenstands herbeiführen.« Am folgenden Tag gab diese Meldung die Titelstory aller großen Tageszeitungen. Das bekannte Gesicht dazu war »Vanja«, der:die Beschwerdeführer:in der »Dritten Option«, eine Initiative, die sich für die Anerkennung und rechtliche Stärkung intergeschlechtlicher Menschen einsetzte (Sigusch 2018). Vanja gab von sich bekannt, mit einem Turner-Syndrom geboren worden zu sein, aber sich weder weiblich noch männlich zu erleben. Ein männlicher oder weiblicher oder offener Geschlechtseintrag war daher für Vanja nicht vorstellbar, da dies nicht der eigenen Identität entsprach. In der Begründung des Bundesverfassungsgerichts werden zwei Rechtsgrundlagen angeführt: Das Grundrecht auf Selbstbestimmung, die auch die Geschlechtsidentität umfasst, und auf Schutz vor Diskriminierung (Antidiskriminierungsrecht). In den Leitsätzen zur Begründung des Beschlusses des Ersten Senats vom 10. Oktober 2017 (1 BvR 2019/16) heißt es:

1. Das allgemeine Persönlichkeitsrecht schützt die geschlechtliche Identität. Es schützt auch die geschlechtliche Identität derjenigen, die sich dauerhaft weder dem männlichen noch dem weiblichen Geschlecht zuordnen lassen (Art. 2 Abs. 1 i. V.m. Art. 1 Abs. 1 GG).

2. Das Grundgesetz schützt auch Menschen, die sich dauerhaft weder dem männlichen noch dem weiblichen Geschlecht zuordnen lassen, vor Diskriminierungen wegen ihres Geschlechts (Art. 3 Abs. 3 Satz 1 GG).

3. Personen, die sich dauerhaft weder dem männlichen noch dem weiblichen Geschlecht zuordnen lassen, werden in beiden Grundrechten verletzt, wenn das Personenstandsrecht dazu zwingt, das Geschlecht zu registrieren, aber keinen anderen positiven Geschlechtseintrag als weiblich oder männlich zulässt.[2]

Zuvor, im Jahr 2013, war bereits eine Erweiterung des Personen-standsrechts in Kraft getreten, um Eltern von Kindern mit Varian-ten der Geschlechtsentwicklung von dem Druck und der Ver-pflichtung zu befreien, das Geschlecht ihres Kindes bereits spätestens eine Woche nach der Geburt dem Standesamt bekannt-geben und entweder dem weiblichen oder männlichen Geschlecht zuordnen zu müssen. So wurde das deutsche Personenstandsgesetz (PStG) im November 2013 im § 22 um folgende Regelung und Aufforderung erweitert: »Kann das Kind weder dem weiblichen noch dem männlichen Geschlecht zugeordnet werden, so ist der Personenstandsfall ohne eine solche Angabe in das Geburtenregis-ter einzutragen.«

Ein Jahr nach Verkündigung des Bundesverfassungsgerichtsbe-schlusses vom November 2017 beschloss das Parlament im Dezem-ber 2018 schließlich die Erweiterung des amtlichen Geschlechts-eintrags um die Option und den zusätzlichen positiven Geschlechtseintrag »divers«. Zur Abschaffung des Geschlechtsein-trags konnten sich die Gesetzgeber:innen nicht durchringen.

Das entsprechende »Gesetz zur Änderung der in das Geburten-register einzutragenden Angaben«, vom Bundestag am 13.12.2018 beschlossen, trat am 23. Dezember 2018 in Kraft und ermöglicht Menschen mit Varianten der Geschlechtsentwicklung neben den Optionen »weiblich«, »männlich« und »offen / ohne Geschlechts-eintrag« seither auch den Eintrag »divers«. Dieser Eintrag kann bei Vorliegen einer Variante der Geschlechtsentwicklung und deren Feststellung nach der Geburt von den Eltern gewählt werden. Ab dem 14. Lebensjahr kann der bestehende Geschlechtseintrag von betreffenden Jugendlichen auch höchstpersönlich angenommen oder bei Bedarf auch geändert werden, etwa wenn der vorgenom-mene als nicht stimmig und richtig erlebt wird. Dazu bedarf es jedoch eines ärztlichen Attestes, das das Vorliegen einer Variante der Geschlechtsentwicklung bestätigt, oder einer eidesstattlichen Erklärung. Somit besteht weiterhin eine Abhängigkeit von ande-ren »geschlechtsbestimmenden« Instanzen außerhalb der eigenen Person, wodurch manche die geschlechtliche Selbstbestimmung geschwächt sehen. Letzteres zählt zu den Kritikpunkten an der neuen Regelung. Kritisiert wurde auch, dass sie nicht alle Personengruppen gleichbehandelt. Spezifisch wurde die Ungleichbehandlung inter- und transgeschlechtlicher Menschen kritisiert: Während es bei transgeschlechtlichen Formen nach dem noch geltenden sog. Transsexuellengesetz (TSG) eine Begutachtungspflicht gibt, besteht bei intergeschlechtlichen Formen eine Attestpflicht. Gleichzeitig zeigte sich in der Zeit nach Inkrafttreten dieser Gesetzgebung, dass der Begriff »Varianten der Geschlechtsentwicklung« nicht nur in der Definition der AWMF, sondern auch allgemeiner verwendet wurde. Dies wiederum ist aus meiner Sicht keinem zu verübeln (Schweizer, Köster, Richter-Appelt 2019; Plett 2021).

Seither ist vielfach von »m/w/d« zu lesen. Vor allem Stellenanzeigen machen von dieser Abkürzung Gebrauch, sofern Personen mit männlichem, weiblichem oder diversem Geschlechtseintrag gesucht werden. In diesen Anzeigen fehlt genau genommen die vierte, weiterhin ebenfalls existierende offene bzw. unbestimmte Geschlechtskategorie; w/m/d/o wäre eine mögliche Erweiterung.

Inzwischen ist die Aufmerksamkeit für Intergeschlechtlichkeit und die Wirkung dieser politischen »Öffentlichkeitsarbeit« wieder abgeflacht. Im Mai 2021 wurde ein weiteres Gesetz verabschiedet, das noch viel weitreichender ist, weil es die körperliche Unversehrtheit intergeschlechtlicher Kinder betrifft. Doch es hat bisher wenig öffentliche Beachtung gefunden. Es wurde im März 2021 vom Bundestag beschlossen und trat am 22. Mai 2021 in Kraft. Diskutiert wurde die Notwendigkeit eines solchen Gesetzes bereits seit der Stellungnahme des Ethikrats zur Intersexualität von 2012; konkretisiert, und von Fachgesprächen und Anhörungen flankiert, wurde es erst seit 2018. Im Wesentlichen beinhaltet dieses »Gesetz zum Schutz von Kindern mit Varianten der Geschlechtsentwicklung« das Verbot von medizinischen Maßnahmen an Kindern ohne zwingende medizinische Notwendigkeit und ohne deren höchstpersönliche Zustimmung. Falls Eltern dennoch auf geschlechtsangleichenden und -normierenden Maßnahmen bestehen, sind Ausnahmen von der Regelung nur unter Einbeziehung einer *Interdisziplinären Kommission* über das zuständige Familiengericht möglich (Bundesgesetzblatt 2021, Teil I, S. 1082–1084). Diese Kommission soll laut Gesetz mit folgenden Mitgliedern besetzt sein (siehe Tabelle 2):

Zusammensetzung einer interdisziplinären Kommission nach dem Gesetz zum Schutz der geschlechtlichen Selbstbestimmung von Kindern mit VdG:
• der:die das Kind Behandelnde • eine weitere ärztliche Person • eine Person, die über eine psychologische, kinder- und jugendpsychotherapeutische oder kinder- und jugendpsychiatrische Berufsqualifikation verfügt • eine in Ethik aus-, fort- oder weitergebildete Person • auf Wunsch der Eltern eine Beratungsperson mit einer VdG

Tabelle 2

Diese interdisziplinäre Kommission hat zu entscheiden, ob sie eine befürwortende Stellungnahme für eine medizinische Maßnahme, die von den Eltern des Kindes trotz des eigentlichen Verbots gewünscht wird, ausstellen kann. Auch die Angaben, die diese Stellungnahme beinhalten soll, sind in dem Gesetz verankert. Sie umfassen neben den Aufklärungs- und Informationsvorgängen acht verschiedene Aspekte. Festgehalten werden sollen neben dem Alter des Kindes sowie der Begründung der Indikation und der Ausnahme von der Rechtsnorm auch folgende Aspekte:

• »warum die Kommission den Eingriff unter Berücksichtigung des Kindeswohls befürwortet und

- ob er aus ihrer Sicht dem Wohl des Kindes am besten entspricht,
- insbesondere welche Risiken mit diesem Eingriff, mit einer anderen Behandlung oder mit dem Verzicht auf einen Eingriff bis zu einer selbstbestimmten Entscheidung des Kindes verbunden sind« und
- ob und durch welche Kommissionsmitglieder ein Gespräch mit den Eltern und dem Kind geführt wurde und
- ob und durch welche Kommissionsmitglieder die Eltern und das Kind zum Umgang mit dieser Variante der Geschlechtsentwicklung aufgeklärt und beraten wurden und
- »inwieweit das Kind in der Lage ist, sich eine Meinung zu bilden und zu äußern [...] und
- ob der geplante Eingriff seinem Willen entspricht« (https://dserver.bundestag.de/btd/19/246/1924686.pdf, S. 8).

Die gelebte Praxis, aber auch die Begleitforschung werden zeigen müssen, wie diese Vorgaben und Fragen im Versorgungsalltag umgesetzt und beantwortet werden. In jedem Fall stellen sie nicht nur eine berechtigte ethische Hürde, sondern als »Checkliste« auch eine konkrete Hilfe im Entscheidungsprozess und bei der Klärung fraglicher Behandlungssituationen dar. Wenn diese Fragen, wie angedacht, im interdisziplinären Austausch tatsächlich verhandelt, verständlich beantwortet und dokumentiert werden, wäre ein neuer Standard im medizinischen Umgang mit Varianten der Geschlechtsentwicklung erreicht.

Die beschriebenen rechtlichen Errungenschaften für Menschen mit Intergeschlechtlichkeit und Varianten der Geschlechtsentwicklung erhalten international große Beachtung.[3] Doch sie sind auch in Deutschland von großer allgemeiner und spezifischer Relevanz. Den psychosozialen Expert:innen geben sie nicht zuletzt Anlass, fachliches Wissen zu erweitern, um Eltern und Familien angemessen beraten zu können. Ganz konkret kommen wir außerdem mit unserer jeweiligen fachspezifischen Expertise, etwa als Psycholog:innen, Kinder- und Jugendlichen-Psychotherapeut:innen und Ethiker:innen, auch als Kommissionsmitglieder infrage.

3. Psychodynamische Zugänge zur Intergeschlechtlichkeit

Die tiefenpsychologische Tradition ist reich an Konzepten für ein postmodernes Verständnis von Sexualitäten, Körperleid und -lust. Dieser Reichtum in der Theorie steht in einem schwierigen Verhältnis zu einer konzeptionellen Armut in der Praxis. Die praktizierte Tradition und ihre Vertreter:innen, also psychosozial, seelsorgerisch und psychotherapeutisch Tätige, tun sich oft schwer mit der Anerkennung geschlechtlicher Vielfalt und von polymorphen Sexualitäten. Dies äußert sich beispielsweise in dem Vorherrschen wenig hinterfragter konventioneller oder stereotyper Denk- und Blickweisen auf mehrdeutige Geschlechter- und Körpererfahrungen, was von betroffenen Patient:innen auch beklagt wird. Doch beklagt werden kann etwas eigentlich erst dann, wenn es bewusst und versprachlicht ist. Viel häufiger gibt es ein Schweigen, als Vorstufe des Klagens.

In früheren Arbeiten habe ich den Wunsch nach einer »Psychoanalyse der Intersexualität« geäußert (Schweizer 2021; Schweizer 2014). Auf konzeptioneller Ebene wurde insbesondere das Fehlen eines eigenen Diskurses zur Intergeschlechtlichkeit beklagt. Gleichzeitig findet gegenwärtig in der Tiefenpsychologie auch ein Zurückschauen und Weiterdenken statt. Das zeigt sich u. a. in der Auseinandersetzung mit queeren Themen. Freud selber war in seinem Denken auf eine Weise auch »queer« und non-konventionell, wenn wir etwa an seine Ausführungen zur Psychosexualität und Homosexualität denken (Freud 1905). So spielten körperliche Varianten der Geschlechtsentwicklung bereits in Freuds Theoriebildung eine wichtige Rolle, etwa für die Annahme der konstitutionellen Bisexualität und des »psychischen Hermaphroditismus« (Freud 1905). Auch Stollers konzeptionelle Anstrengungen zu Geschlechtsidentitäten und sogar zu hermaphroditischen, intergeschlechtlichen Identitäten werden inzwischen für ein besseres Verständnis von Varianten der psychosexuellen Entwicklungen rezipiert.

Eine Zusammenstellung von relevanten psychoanalytischen Beiträgen der letzten Jahre habe ich in einem Aufsatz von 2021 zusammengetragen (Schweizer 2021). Herausgreifen möchte ich daraus die vielversprechende und anregende Arbeit von Rudolf-Petersen (2018). Anknüpfend an Williams (2002) und anderen beschreibt Rudolf-Petersen die Perspektive von Eltern intergeschlechtlicher Kinder und Erwachsenen mit Varianten der Geschlechtsentwicklung. Sie fragt nach brauchbaren »klinisch relevanten Begriffen und Konzepten« zum Verständnis von Varianten der Geschlechtsentwicklung, um vor allem »die psychosexuelle Entwicklung von intergeschlechtlichen Menschen mit ihren spezifischen inneren Konflikten und Erfahrungen zu erfassen« (Rudolf-Petersen 2018, S. 116). Sie wendet Ermanns (2009) Vorstellung des »Homosexuellen Dilemmas« auf die intergeschlechtliche basale Erfahrung an, einen anderen Körper zu haben, als von anderen erwartet wird. Im Sinne Bions (1962/1990) bräuchten Menschen mit mehrdeutigem Körpergeschlecht eine besonders ausgeprägte Fähigkeit zur Ungewissheit (negative capability) und eine resonante äußere unterstützende Umgebung. Kinder mit Varianten der Geschlechtsentwicklung seien besonders auf Eltern angewiesen mit der Fähigkeit, ihre Affekte zu halten und zu verwandeln, und mit einem stabilen »Ich, das die durch die anatomische (oder gonadale oder chromosomale) geschlechtliche Mehrdeutigkeit ihres Kindes entstehenden Spannungen und Konflikte auffangen kann« (ebd., S. 123). Die Eltern wiederum bräuchten ebenfalls einen Bion'schen »übergeordneten Container [...], der ihnen hilft, etwas ganz Neues, nämlich nicht Dichotomes zu denken. Dieser Container könnte das sich verändernde gesellschaftliche Bewusstsein sein« (ebd., S. 123).

Auch Richter-Appelt (2012) greift die Perspektive von Eltern intergeschlechtlicher Kinder auf. Sie sieht die allgemeine Problematik, dass Eltern ihren Kindern gerne Eigenschaften zuschreiben, obwohl diese ihnen gar nicht entsprechen, bei Intergeschlechtlichkeit als besonders gegeben. Wenn dies dazu führt, die Körperlichkeit des eigenen Kindes zu verleugnen und nicht wahrhaben zu wollen, könnten daraus eben »Korrekturwünsche« entstehen und entsprechend übermächtige Erwartungen an medizinische Normalisierungs- und Vereindeutigungseingriffe. Dies wäre als Agieren zu werten, was sich wiederum negativ auf die Mentalisierungsprozesse und die Selbstannahme auswirken kann. Interpersonell und für die Entwicklung der eigenen Beziehungsfähigkeit sieht Richter-Appelt auch die Gefahr einer drohenden Abschottung und Einsamkeit, die durch Selbststigmatisierung entstehen kann.

In meiner eigenen Auseinandersetzung mit der klassischen psychoanalytischen Literatur im Hinblick auf Intergeschlechtlichkeit bin ich neben Freuds Grundlagen zur psychosexuellen Entwicklung und zum »Körper-Ich«, Eriksons Ausführungen zur spannungsvollen Identität, Stollers Ringen um ein multifaktorielles Verstehen von Geschlechtsidentitäten und deren Entwicklung, Morgenthalers Sicht auf dialektische Prozesse sowie Bions Denktheorie immer wieder bei Winnicotts entwicklungspsychologischen Aufsätzen zum »wahren Selbst« und zum Spielraum gelandet (Schweizer 2014; Schweizer 2018a; Schweizer 2021). Die Vorstellung der Entwicklung eines »falschen Selbst« erscheint mir als passend zum Nachvollziehen möglicher innerer Prozesse von Menschen mit Intergeschlechtlichkeit vor dem Hintergrund des alten Behandlungsvorgehens. Wenn elektive, also nicht zwingend notwendige medizinische Anpassungsversuche die einzige Auseinandersetzung mit der Intergeschlechtlichkeit von Kindern sind, besteht die Gefahr, dass sie die Selbstannahme entwickeln, so wie sie geboren und geschlechtlich geformt sind, nicht in Ordnung zu sein (Schweizer 2018a). Die Erfahrung, »korrigiert werden zu müssen«, könnte einen Zweifel am eigenen Körper auslösen oder verstärken. Wenn Kindern solche medizinischen Eingriffe auch noch verschwiegen werden und damit ein Teil der Souveränität über den eigenen Körper verloren geht, ist zudem die Frage des Körpergedächtnisses und früher vorsprachlicher impliziter Traumatisierung von Bedeutung. Bollas' Konzept des ungedachten Bekannten kann zum Tragen kommen.

Weitere neuere interessante konzeptionelle Arbeiten zur Intergeschlechtlichkeit von Psychoanalytiker:innen liegen u. a. von Quindeau (2012) und Kaszta & Reutlinger (2020) vor. Letztere haben

Jugendliche mit intergeschlechtlicher Geschlechtsidentität zum Erleben der Pubertät und zur Entwicklung des eigenen Körperbildes befragt. Die Ergebnisse weisen darauf, dass das Erleben unerwarteter oder ausbleibender pubertärer Veränderungen durchaus Angst und Unbehagen auslöste. Doch Irritationen entstanden nicht allein durch die körperliche Besonderheit und das intergeschlechtliche So-Sein, sondern wurden ebenso von außen ausgelöst, beispielsweise durch »eine im Raum stehende Behandlung, welche das Ziel hat, die körperlichen Entwicklungen auf den ›richtigen‹ Weg zu bringen« (Kaszta & Reutlinger 2020, S. 127). Die Studie zeigte zudem, dass das Fehlen intergeschlechtlicher Vorbilder und Identifikationsmöglichkeiten die Entwicklung blockieren kann (Schweizer 2018). Die Ergebnisse beschreiben aber gleichzeitig auch, dass die Entwicklung einer eigenen, ggf. intergeschlechtlichen Identität möglich und nicht ungewöhnlich ist, so wie es bereits andere empirische, sowohl quantitative als auch qualitative Arbeiten gezeigt haben, u. a. die Hamburger Intersex-Studie aus der Arbeitsgruppe von Richter-Appelt (Schweizer et al. 2014). Eine Forschungsfrage für die Zukunft könnte sein, inwieweit die Erweiterung des Personenstandsrechts auch eine solche Vorbildfunktion und Ermutigung für betroffene Personen darstellen kann.

Bezüglich der eingangs gestellten Frage, wie wir Menschen mit Varianten der Geschlechtsentwicklung und ihre Eltern besser wahrnehmen und begleiten können, im Hinblick auf den Erhalt und die Förderung psychischer und sexueller Gesundheit, deuten diese Ausführungen bereits an, wie wichtig psychosoziale Unterstützung insgesamt und vor allem zum Schutz vor möglichen irreversiblen Eingriffen ist, aber ebenso auch eine zunehmende gesellschaftliche Anerkennung von Intergeschlechtlichkeit. Vor dem Hintergrund des beschriebenen konzeptionellen Reichtums kann die psychoanalytische Theorie einen wichtigen Beitrag zum Verständnis von Geschlechtervielfalt, insbesondere auch von Intergeschlechtlichkeit, als vitaler, selbstverständlicher Spielart in Natur und Kultur leisten.

4. Fazit und Ausblick: Geschlechtervielfalt und sexuelle Gesundheit

Die alte Geschlechterordnung scheint durcheinandergeraten zu sein. Es gibt inzwischen Männer *und* Frauen. Und es gibt weitere Geschlechter: Menschen, die sich keinem der beiden Hauptgeschlechter mehr zuordnen wollen, lassen oder können. Und es gibt Menschen, die biologisch von Geburt an, angeborenerweise also, körperlich keinem der beiden Hauptgeschlechter entsprechen, oder anders ausgedrückt: Menschen mit Merkmalen beider Geschlechter, die sich selbst als »Zwitter«, »Intersexe« oder anders, etwa »Menschen mit einer Enzymstörung« oder »mit einer Variante der Geschlechtsentwicklung«, bezeichnen.

Wie geht unsere Gesellschaft damit um, dass es mehr als Mann und Frau gibt? In der Vergangenheit, im 18. und 19. Jahrhundert, hat sie Theologie und Jurist:innen diese Frage klären lassen (Foucault 1981; Plett 2021). Im 20. Jahrhundert hat es eine Verschiebung der Zuständigkeit zur Medizin und Psychologie gegeben, allerdings zulasten der körperlichen Unversehrtheit und Selbstbestimmung.

In den letzten Jahren ist das Recht wieder stärker ins Spiel gekommen. Die Achtung oder Wiederherstellung der Grundrechte auf Selbstbestimmung und körperliche Unversehrtheit stehen dabei im Fokus. Betroffene haben Veränderungen erreicht, indem sie sich aus der iatrogen verschriebenen Isolation durch Verschweigen befreit, zusammengetan und Unrecht beim Namen genannt haben. Professionelle haben angefangen, darauf zu hören und ihre Behandlungsansätze zu verändern.

Die AWMF-Leitlinie zu Varianten der Geschlechtsentwicklung befindet sich aktuell in Überarbeitung. Dabei werden die neuen rechtlichen Entwicklungen und Errungenschaften zu berücksichtigen sein, die in der Medizin teils auch kritisch gesehen werden. Die verschiedenen Fächer und Selbstvertretungsorganisationen und ihre Vertreter:innen müssen dazu zusammenarbeiten, miteinander sprechen, einander zuhören. Auch auf die psychosozialen Fächer und seelsorgerischen Tätigkeiten kommen hier zukünftig wichtige Aufgaben zu. Diese sollten wir unerschrocken, neugierig und verantwortungsvoll annehmen, wenn wir uns dazu in der Lage sehen.

Eine Verantwortung können wir aktuell auch bei der Einordnung der vielen Stimmen übernehmen, die derzeit meinen, sich zur Geschlechtervielfalt äußern zu müssen, teils ohne Not oder fachliche Basis.

Die Infragestellung der Geschlechterordnung, die vielleicht mit den Aufsätzen von Judith Butler in den 1990er-Jahren sichtbarer wurde und nun in die Mitte der Gesellschaft gerückt ist, scheint manche Menschen auch zu ängstigen. Die Anerkennung etwa von nicht-heterosexuellem Begehren oder von inter- und transgeschlechtlichen Entwicklungsverläufen irritieren das traditionelle Geschlechterbild. Anlass zur Sorge geben die Anstrengungen, die alte, aber unvollständige Ordnung wiederherzustellen, die aktuell von verschiedenen Seiten unternommen werden, auch von liberalen Kreisen und den psychosozialen, seelsorgerischen und psychoanalytischen Fächern.

Inwieweit die pandemische Lage und aktuell auch die weltpolitische Anspannung zu den damit verbundenen Spaltungstendenzen beigetragen haben mögen oder diese verstärken oder sichtbarer machen, wird Gegenstand systematischer Untersuchung sein, die weiteren zeitlichen Abstand benötigt. Absperrung, Kontakteinschränkungen und reale Kriegsängste mögen auch geschlechtsbezogene Ängste aktiviert und geschürt haben oder können als Beschleuniger bereits begonnener Prozesse betrachtet werden.

Seitdem ich mich in der Sexualwissenschaft bewege, stelle ich wiederkehrend fest, dass die Beschäftigung mit dem Sexuellen und Geschlechtlichen Denkstörungen hervorruft, unabhängig vom psychischen Befund, der Intelligenz oder der beruflichen Professionalität. Sobald ein Begriff »Sexualität« im Wort hat, scheint die Differenzierungsfähigkeit bei vielen Menschen eingeschränkt zu sein. Das Sexualtabu scheint nach wie vor stark und wirkmächtig zu sein, und das Sprechen und Nachdenken über Lust, Begehren, Erotik, Verlangen, Gier, Trieb, aber auch das Sprechen und Benennen von Körpern, von Sexualorganen bleibt schwer. Eine Folge ist, dass alles, was nicht innerhalb der gesellschaftlich verhandelten Norm liegt, als bedrohlich empfunden wird und schnell pathologisiert, ausgeschlossen oder normalisiert und angepasst werden muss. Meines Erachtens zeigt sich das auch in der aktuellen hitzig geführten Debatte um das geschlechtsinklusive Sprechen und Schreiben.

Geschlechtervielfalt ist ein groß gewordener Begriff, auch ein politischer Begriff, den Sie vielleicht aus den Aktionsplänen Ihrer Kommunen, Städte, Kreise oder Bundesländer, in denen Sie leben, kennen. Über diese Aktionspläne bin ich sehr froh, denn sie bieten Voraussetzungen für entstehende Schutz- oder Akzeptanz- und Anerkennungsräume. Wir wissen aus Studien, aus den Communities und unseren Therapien, dass Angehörige sogenannter »sexueller und geschlechtlicher Minderheiten« einem erhöhten Stigmatisierungs-, Diskriminierungs- und Gewalterfahrungsrisiko ausgesetzt sind und eine erhöhte Vulnerabilität haben, psychisch zu erkranken. Ich bin glücklich darüber, dass wir in einem demokratischen Rechtsstaat leben, der sich dem Schutz von Minderheiten verpflichtet sieht. Genauso bin ich glücklich darüber, dass wir Teil einer Völkergemeinschaft sind, der Vereinten Nationen, die sich ebenfalls über neue Normen und Regeln für unser Zusammenleben verständigen und Visionen entwickeln, so wie die Agenda 2030 mit den wunderbaren 17 Nachhaltigkeitszielen, wie z. B. das Nachhaltigkeitsziel der Geschlechtergerechtigkeit. Diese umfasst auch die sexuelle Gesundheit, die die Weltgesundheitsorganisation 2002 wie folgt definiert hat:

- »Sexuelle Gesundheit ist der Zustand körperlichen, emotionalen, geistigen und sozialen Wohlbefindens bezogen auf die Sexualität und bedeutet nicht nur die Abwesenheit von Krankheit, Funktionsstörungen oder Schwäche.
- Sexuelle Gesundheit erfordert sowohl eine positive, respektvolle Herangehensweise an Sexualität und sexuelle Beziehungen als auch die Möglichkeit für lustvolle und sichere sexuelle Erfah-

rungen, frei von Unterdrückung, Diskriminierung und Gewalt (WHO 2002).

- Wenn sexuelle Gesundheit erreicht und bewahrt werden soll, müssen die sexuellen Rechte aller Menschen anerkannt, geschützt und eingehalten werden.«

Auch wenn es in diesem Beitrag vornehmlich um Intergeschlechtlichkeit und Varianten der körperlichen Geschlechtsentwicklung ging, habe ich, wenn von Geschlechtervielfalt die Rede ist, erst einmal keine bestimmten Gruppen vor Augen, sondern *alle Menschen*. Denn genau genommen gleicht kein Geschlecht dem anderen. Und das deutsche Wort »Geschlecht« erlaubt auf den ersten Blick auch keine Differenzierung zwischen dem sozialen, dem psychischen oder dem körperlichen Geschlecht. Geschlecht ist alles auf einmal, mit allen Chancen und Gefahren. Chance ist der Blick auf die individuelle Geschlechtlichkeit, Gefahr ist der Normierungsdruck.

Geschlechtervielfalt ist für mich keine Bezeichnung einer Rest- oder Spezialkategorie für geschlechtlich »andere« Leute, die gesellschaftlich oft am Rand stehen, auch wenn dieser Begriff dafür oft verwendet wird. Geschlechtervielfalt umfasst alle Menschen. Doch er will natürlich auch sensibilisieren für Gruppen und Menschen, die der »heteronormativen Matrix«, wie die Philosophin und Psychoanalyse-Kennerin Judith Butler sie treffend beschrieben hat, nicht entsprechen. Entsprechend dieser Matrix gibt es Männer und Frauen. Von Frauen wird erwartet, weibliche Geschlechtsorgane zu haben und sich »weiblich« zu verhalten und zu identifizieren, von Männern wird erwartet, entsprechend »männliche« Körper zu haben, sich »männlich« zu geben und zu fühlen. Und was ist aber dann mit den intergeschlechtlichen Menschen, die früher als Hermaphroditen bezeichnet wurden, was ist mit Transgender-Leuten, die sich geschlechtlich nicht ihrem Körper zugehörig fühlen, was ist mit Menschen, die sich gar nicht geschlechtlich identifizieren oder festlegen können oder wollen, was ist mit denen, die nicht heterosexuell begehren, sondern offen sind? Schon bekommen wir ein Gespür für Geschlechtervielfalt.

Geschlechtervielfalt bezieht sich also nicht nur auf die Richtung des Begehrens, sondern auch auf die Geschlechtsidentität, das Geschlechtsrollenverhalten und die körperliche Geschlechtervielfalt, und lässt sich auch verstehen als gelebte und erlebte Vitalität.

Die Fähigkeit zum dialektischen Abwägen, zur Perspektivenvielfalt und Pluralität geht gerade in der sogenannten »Gender-Debatte« bedauerlicherweise immer wieder verloren. Wie in der therapeutischen Arbeit müssen diese Aspekte sowie eine triangulierende Perspektive teils hart erarbeitet und entwickelt werden. So verhält es sich vielleicht auch mit unserer Aufgeschlossenheit gegenüber dem Anderen. Veränderung, oder Veranderung (nach Warsitz) braucht das Andere und die Anderen. Wenden wir uns also unserem eigenen Anderen und dem vitalen Unbekannten zu.

Anmerkungen

1   Diese Gruppe umfasst die sog. minimale oder milde (MAIS), partielle (PAIS) und komplette (englisch complete) Androgeninsensitivität (CAIS).
2   Vgl. https://www.bundesverfassungsgericht.de/DE/Homepage/homepage_node.html.
3   Die israelische Medizinsoziologin, Limor Meoded Danon, wertete die Gesetzesinitiative spontan als revolutionär, mit Sprengkraft. In einer persönlichen Mitteilung formulierte sie: »This law is a bomb!«

Literatur

Arbeitsgemeinschaft der wissenschaftlich-medizinischen Fachgesellschaften (AWMF) (2016): S2-k-Leitlinie Varianten der Geschlechtsentwicklung. Leitlinie der Deutschen Gesellschaft für Urologie (DGU) e.V., der Deutschen Gesellschaft für Kinderchirurgie (DGKCH) e.V., der Deutschen Gesellschaft für Kinderendokrinologie und -diabetologie (DGKED) e.V. https://www.awmf.org/leitlinien/detail/ll/174-001.html [Zugriff: 22.04.2019].
Bion, W. R. (1962/1990): Lernen durch Erfahrung. Suhrkamp, Frankfurt am Main.
Bollas, C. (1997): Der Schatten des Objekts. Das Ungedachte Bekannte. Klett-Cotta, Stuttgart.

Collin, L. / Reisner, S. L. / Tangpricha, V. / Goodman, M. (2016): Prevalence of transgender depends on the »case« definition: A systematic review. In: Journal of Sexual Medicine, 13.4, S. 613–626. doi: 10.1016/j.jsxm.2016.02.001.

Deutscher Ethikrat (2012): Intersexualität. Stellungnahme. Deutscher Ethikrat, Berlin.

Ermann, M. (2009): Das homosexuelle Dilemma. In: Forum der Psychoanalyse, 25, S. 349–361.

Erikson, E. H. (1971): Identität und Lebenszyklus. Suhrkamp, Frankfurt am Main.

Foucault, M. (1981/1998): Über Hermaphrodismus. Herculine Barbin. Suhrkamp, Frankfurt am Main.

Freud, S. (1905): Drei Abhandlungen zur Sexualtheorie. In: GW 5, S. 27–145.

Freud, S. (1923): Das Ich und das Es. In: GW 13, S. 237–289.

Hauck, L. / Richter-Appelt, H. / Schweizer, K. (2019): Zum Problem der Häufigkeitsbestimmung von Intergeschlechtlichkeit und Varianten der Geschlechtsentwicklung. In: Zeitschrift für Sexualforschung, 32, S. 80–89.

Hughes, I. A. / Houk, C. / Ahmed, S. F. / Lee, P. A. LWPES1/ESPE2 Consensus Group (2006): Consensus statement on management of intersex disorders. In: Journal of Pediatric Urology, 2, S. 148–162.

Kaszta, M. / Reutlinger, S. (2020): Intergeschlechtlichkeit. Eine qualitative Fallstudie zur psychosexuellen Entwicklung. Brandes & Apsel, Frankfurt am Main.

Lampalzer, U. / Briken, B. / Schweizer, K. (2021): »That decision really was mine …« Insider perspectives on health care controversies about intersex/diverse sex development. In: Culture, Health & Sexuality, S. 1–13. doi: 10.1080/13691058.2021.1892828.

Money, J. / Hampson, J. G. / Hampson, J. L. (1955): Hermaphroditism: Recommendations concerning assignment of sex, change of sex and psychologic management. In: Johns Hopkins Hospital, 97, S. 284–300.

Morgenthaler, F. (2011): Homosexualität, Heterosexualität. Psychosozial-Verlag, Gießen.

Plett, K. (2021): Geschlechterrecht. Transcript, Bielefeld.

Overzier, C. (1961): Die Intersexualität. Thieme, Stuttgart.

Quindeau, I. (2012): Geschlechtsentwicklung und psychosexuelle Zwischenräume aus der Perspektive neuerer psychoanalytischer Theoriebildung. In: Schweizer, K. / Richter-Appelt, H. (Hg.): Intersexualität kontrovers: Grundlagen, Erfahrungen, Positionen. Psychosozial-Verlag, Gießen, S. 119–130.

Richter-Appelt, H. (2012): Psychologische und psychotherapeutische Interventionen. In: Schweizer, K. / Richter-Appelt, H. (Hg.): Intersexualität kontrovers: Grundlagen, Erfahrungen, Positionen. Psychosozial-Verlag, Gießen, S. 355–369.

Rudolf-Petersen, A. (2018): Intergeschlechtlichkeit, Mehrdeutigkeit, Queer Thinking. Psychoanalytische Überlegungen. In: Schweizer, K. / Vogler, F. (Hg.): Die Schönheiten des Geschlechts. Intersex im Dialog. Campus, Frankfurt am Main, S. 115–129.

Schweizer, K. (2012): Körperliche Geschlechtsentwicklung und zwischengeschlechtliche Formenvielfalt. In: dies. / Richter-Appelt, H. (Hg.): Intersexualität kontrovers: Grundlagen, Erfahrungen, Positionen. Psychosozial-Verlag, Gießen, S. 43–67.

Schweizer, K. (2014): Geschlechtsidentität bei Intersexualität. Psychoanalytische Perspektiven. In: Psychosozial, 135.1, S. 63–74.

Schweizer, K. (2018a): Identitäten, wahres Selbst und Möglichkeitsraum. Zum Film »XXY« von Lucia Puenzo. In: Psyche – Z Psychoanal, 72.7, S. 549–572.

Schweizer, K. (2018b): Zur Bedeutung intergeschlechtlicher Identitäten und Vorbilder. In: Kinderanalyse, 26.3, S. 264–287.

Schweizer, K. (2018c): Identitäten zwischen Entität und Erfahrungsraum: Intersex und das dritte Geschlecht. In: Psychodynamische Psychotherapie, 17.1, S. 45–57.

Schweizer, K. (2021): »Weiblich, männlich, divers«. Anerkennungsprozesse bei körperlichen Varianten der Geschlechtsentwicklung/Intersex. In: PSYCHE, 75.5, S. 402–432. doi: 10.21706/ps-75-5-402.

Schweizer, K. / Brunner, F. / Handford, C. / Richter-Appelt, H. (2014): Gender experience and satisfaction with gender allocation in adults with diverse intersex conditions (divergences of sex development, DSD). In: Psychology & Sexuality, 5.1, S. 56–82. doi: 10.1080/19419899.2013.831216.

Schweizer, K. / Köster, E. / Richter-Appelt, H. (2019): Varianten der Geschlechtsentwicklung und Personenstand. Die Einführung einer »Dritten Option« für Menschen mit intergeschlechtlichen Körpern und Identitäten. In: Psychotherapeut 64, S. 106–112. doi: 10.1007/s00278-019-0335-3.

Schweizer, K. / Rosen, U. (2020): Intergeschlechtlichkeit in Familie und Gesellschaft. Wie wir über diverse Körper, Identitäten und Varianten der Geschlechtsentwicklung sprechen können. In: Timmermanns, S. / Böhm, M. (Hg.): Sexuelle und geschlechtliche Vielfalt. Interdisziplinäre Perspektiven aus Wissenschaft und Praxis. Beltz Juventa, Basel, S. 242–255.

Schweizer, K. / Vogler, F. (Hg.) (2018): Die Schönheiten des Geschlechts. Intersex im Dialog. Campus, Frankfurt am Main.

Sigusch, V. (2018): Von der alten Geschlechtsmetaphysik zu den heutigen Neogeschlechtern. In: Schweizer, K. / Vogler, F. (Hg.): Die Schönheiten des Geschlechts. Intersex im Dialog. Campus, Frankfurt am Main, S. 191–206.

Stoller, R. (1968): Sex and Gender: On the Development of Masculinity and Femininity. Science House, New York.

Thyen, U. / Lanz, K. / Holterhus, P. / Hiort, O. (2006): Epidemiology and initial management of ambiguous genitalia at birth in Germany. In: Hormone Research, 66.4, S. 195–203.

Veith, L. (2018): Von der Schönheit des Geschlechts und anderen unbekannten Größen. Wenn intergeschlechtliche Realität auf heteronormative Gesellschaft trifft. In: Schweizer, K. / Vogler, F. (Hg.): Die Schönheiten des Geschlechts. Intersex im Dialog. Campus, Frankfurt am Main, S. 39–45.

Williams, N. (2002): The imposition of gender. In: Psychoanal. Psychol., 19.3, S. 455–474.

WHO (2006): Defining sexual health: Report of a technical consultation on sexual health, 28–31 January 2002, Geneva.

THOMAS FUCHS

Der Schein des Anderen
Empathie und Virtualität*

Einleitung

Zu Beginn des 20. Jahrhunderts schrieb Edward M. Forster eine
weitsichtige Erzählung mit dem Titel *The Machine Stops*, die die
Virtualisierung der Realität vorwegnimmt (Forster 1989). Sie schil-
dert eine Endzeit, in der die Menschen voneinander isoliert in bie-
nenwabenähnlichen Kammern unter einer unbewohnbaren Erde
leben. Eine mythisch-allgegenwärtige Maschine versorgt sie mit
künstlicher Luft, Tablettennahrung, Lesestoff, Fernsehprogram-
men und allen Annehmlichkeiten. Sie stellt auch eine visuelle Telekommunikation zwischen ihnen her, denn reale Begegnungen er-
fordern einen Transport außerhalb der Höhlen, dem die
geschwächten Körper und Sinne nicht mehr gewachsen sind. Über
Generationen hinweg ist die Abhängigkeit von der Maschine
schließlich so gewachsen, dass die Menschen ersten Anzeichen von
Funktionsstörungen im Versorgungssystem hilflos gegenüberste-
hen, bis die Maschine eines Tages plötzlich stehen bleibt und die
Menschen am Einbruch der nackten Realität zugrunde gehen.

Am Ende des Jahrhunderts haben die Brüder Wachowski mit
ihrem Film *Matrix* (1999) diese Dystopie wieder aufgenommen.
Intelligente Maschinen beherrschen darin die Erde und züchten
die Menschen in gigantischen Plantagen, um ihre Gehirnströme
als Energiequelle zu nutzen. Dazu wird ihren Gehirnen eine simu-

---

* Überarbeitete Fassung des unter demselben Titel veröffentlichten Aufsatzes
in: Thomas Fuchs: *Verteidigung des Menschen. Grundfragen einer verkörperten
Anthropologie.* Berlin: Suhrkamp Verlag 2020, S. 119–145.

lierte Wirklichkeit eingespeist, die »Matrix«. Die erlebte Welt besteht in Wahrheit nur aus den endlosen digitalen Zeichenreihen, die zu Beginn des Films über die Leinwand laufen. Virtualität und Realität sind ununterscheidbar geworden. Offensichtlich äußert sich in *Matrix* und ähnlichen Filmen die tiefe Verunsicherung durch eine digitale Welt, die sich zu einer planetaren künstlichen Intelligenz verselbstständigt und zunehmend ihre eigene Wirklichkeit generiert. Virtualität ist zu einem zentralen Thema des 21. Jahrhunderts geworden.

Nun ist die Frage nach dem Verhältnis von Schein und Wirklichkeit ein menschliches Grundthema, und zwar deshalb, weil wir im Unterschied zu Tieren die Wirklichkeit immer auch unter Vorbehalt stellen, uns etwas Nichtseiendes vorstellen können, das heißt, weil wir so denken und so tun können *als ob*. Die Sprachform des Irrealis – wäre, hätte, könnte – ist der Ausdruck unserer Befähigung zur Phantasie, zur Fiktionalität und damit auch zur Virtualität. Doch bis ins 20. Jahrhundert eröffnete diese Fähigkeit in erster Linie die Möglichkeit zu Probewelten, kontrafaktischen Gegenentwürfen, zur vorübergehenden Lockerung des Zwangs der Wirklichkeit. Heute jedoch durchdringt die Virtualität immer mehr Bereiche der alltäglichen Lebenswelt – der Arbeit, der Beziehungen, der Freizeit. Visuelle Medien und digitale Kommunikation beherrschen unser Leben in einem Maß, dass wir ohne sie oft kaum noch existieren könnten. Sie werden zu einer Wirklichkeitsmaschine, an die wir angeschlossen sind wie die Menschen in Edward Forsters Erzählung.

Zur theoretischen Begleitung dieser Entwicklung eignen sich besonders konstruktivistische Philosophien und Medientheorien. Die Welt aus medialen Bildern und Telepräsenzen legt eine Erkenntnistheorie nahe, in der die Welt selbst als Bild ausgegeben wird – sei es als Produkt subjektiver Wahrnehmungsschemata oder als Konstrukt von Datenverarbeitungen im Gehirn. Unsere Sinnesorganisation selbst, so heißt es, vermittelt gar nicht Wirklichkeit, sondern erzeugt nur biologisch nützliche, überlebenstaugliche Fiktionen, ein »Kopfkino«, einen »Phenospace« oder »Ego-Tunnel«, wie Thomas Metzinger es nennt:

»Die zeitgenössische Begeisterung für das Vordringen des Menschen in künstliche virtuelle Welten übersieht, dass wir uns immer schon in einem biologisch erzeugten ›Phenospace‹ befinden: innerhalb einer durch mentale Simulation erzeugten virtuellen Realität« (Metzinger 1999, S. 243).

»Die von der Natur erfundene Form von virtueller Realität ist das bewusste Erleben – ein Echtzeit-Weltmodell, das man als eine fortlaufende Online-Simulation sehen kann« (ders. 2009, S. 155).

Zwischen Realität, Fiktion und Illusion lässt sich dann nicht mehr sinnvoll unterscheiden; Virtualität wäre der Normalfall, nicht die Ausnahme.

In diesem Ego-Tunnel gibt es auch zum anderen Menschen nur einen virtuellen Weg, nämlich über die interne Simulation. Das Gehirn simuliert die an anderen Körpern wahrgenommenen Ausdrucksformen und Handlungen durch die virtuelle Aktivierung unserer eigenen Körperzustände und überträgt diese Quasi-Erlebnisse dann auf die anderen, so als ob wir an ihrer Stelle wären. Hier treffen sich die neurophilosophischen Konzepte mit den Simulationstheorien der sozialen Kognition.[1] Empathie und soziales Verstehen werden damit zu Projektionen innerer Repräsentationen oder Modelle auf andere. Man könnte etwas pointiert sagen, dass die Person, die eine andere wahrnimmt, nicht wirklich mit ihr interagiert, sondern nur mit inneren Modellen oder Simulationen ihrer Handlungen.

Der Neurokonstruktivismus entspricht einer gesellschaftlichen Entwicklung, in der die Unterscheidung von Künstlichem und Natürlichem, von Bild und Original, Schein und Wirklichkeit immer mehr nivelliert wird. Zunehmend leben wir in einer »Kultur der Simulation«, wie Sherry Turkle sie genannt hat (Turkle 2011, S. 4). Doch dem liegt die schon erwähnte Befähigung des Menschen zugrunde, Fiktionen und Simulationen und damit eine Sphäre des Als-ob zu erschaffen. Wir werden sehen, dass auch die

Wahrnehmung anderer, die empathische Intersubjektivität, häufig Elemente von Imagination und Fiktion enthält; ja, dass die Empathie sich überhaupt von der Begegnung abkoppeln und ins Fiktive und Illusionäre übergreifen kann. Wir verbinden uns, so könnte man sagen, durchaus empathisch auch mit unseren eigenen Imaginationen und Projektionen. Einerseits ist damit die Reichweite menschlicher Empathie nahezu unbegrenzt; andererseits aber erfasst sie, je weiter sie sich von der unmittelbaren leibhaftigen Erfahrung entkoppelt, nicht mehr die andere Person selbst, sondern nur noch ein Bild, ja, häufig eine undurchschaute Projektion – den Schein des Anderen.

Lässt sich die Empathie vom unmittelbaren, zwischenleiblichen Kontakt ablösen und auf virtuelle Beziehungen übertragen? Und wenn ja, welche Veränderungen erfährt sie dabei? – Um diese Fragen zu beantworten, unterscheide ich drei Formen der Empathie: 1. primäre, zwischenleibliche Empathie, 2. erweiterte Empathie, basierend auf der imaginativen Perspektivenübernahme, und 3. fiktionale Empathie, die sich auf abwesende und fiktive Personen richtet.

Vor diesem Hintergrund werde ich anschließend fragen, welche Folgen die zunehmende Virtualisierung von Wahrnehmung und Kommunikation für die Entwicklung der Beziehungen in unserer Kultur hat.

Stufen der Empathie

Die Schwierigkeiten, das komplexe Phänomen der Empathie zu erfassen, reichen zurück bis zur Einführung des Begriffs gegen Ende des 19. Jahrhunderts und spiegeln sich in der aktuellen Auseinandersetzung zwischen konkurrierenden Theorien der sozialen Wahrnehmung: *Theory-of-Mind*-Theorie (Baron-Cohen 1996), Simulationstheorie (Goldman 2006; de Vignemont 2009), Theorie der direkten Wahrnehmung (Zahavi 2001; 2011; Gallagher 2008) und Theorie der leiblichen Kommunikation oder Interaktion (Fuchs/

De Jaegher 2009) erheben gleichermaßen den Anspruch, unser all-tägliches Verständnis der Gefühle und Intentionen anderer zu er-klären. Die Schwierigkeit dieser Erklärung liegt sicher in der Kom-plexität des Phänomens selbst begründet. Einfühlung verläuft in Stufen und enthält verschiedene Komponenten. Ich werde im Fol-genden die schon genannten drei Stufen der primären, erweiterten und fiktionalen Empathie unterscheiden.

1. Primäre, implizite oder zwischenleibliche Empathie

Primäre Empathie beruht auf der persönlichen Begegnung mit an-deren, auf der zwischenleiblichen Interaktion. Wenn wir jemanden in Zorn ausbrechen sehen, nehmen wir sein Gefühl unmittelbar im Ausdruck und Verhalten wahr. Dazu bedarf es keiner inneren Si-mulation der Wut, die wir erst in uns selbst wachrufen müssten, um sie dann auf den anderen zu übertragen, ebenso wenig wie einer Theorie über menschliches Verhalten, die uns darüber belehrt, was eine heftige Stimme, geballte Fäuste oder ein zorniger Gesichtsaus-druck bedeuten. Wie bereits Scheler (1923/1973, S. 301f.) argu-mentierte, nehmen wir im Lächeln der anderen Person unmittelbar die Freude, in ihren Tränen das Leid oder in ihrem Erröten die Scham wahr, denn wir erleben die andere Person primär als psy-chophysische Ausdruckseinheit. Daran ist freilich auch die *Reso-nanz* unseres eigenen Leibes beteiligt: Der Zornausdruck anderer ruft in uns Empfindungen von Spannung, Zusammenzucken, Rückzugstendenzen hervor, und diese unterschwelligen Empfin-dungen gehen mit in die Wahrnehmung des Zornigen ein. Gefühle werden im *Ausdruck* verständlich, weil er einen leiblichen *Eindruck* erzeugt: Man spürt den anderen, die andere am eigenen Leib, auch wenn dieses Spüren nicht als solches bewusst wird, also implizit bleibt (Schmitz 1989; Fuchs 2018).

Dieser Eindruck, den andere auf uns machen, ruft aber nun seinerseits einen Ausdruck in uns hervor (z. B. einen irritierten oder ängstlichen Blick), der wiederum von der anderen Person wahrge-nommen wird und deren leibliches Befinden modifiziert. So ent-steht ein Wechselspiel, das in Sekundenbruchteilen abläuft, eine *zwischenleibliche Resonanz,* in die beide Beteiligte in der Regel ohne Bewusstheit einbezogen sind. Wenn zwei Menschen sich begegnen, tasten ihre Körper einander ab, ihre Blicke und Handlungsimpulse setzen am anderen Körper an, und ihr sensomotorisches Körperschema verleibt sich den anderen gleichsam ein, so dass wir mit Hermann Schmitz auch von einer *wechselseitigen Einleibung* oder *Inkorporation* sprechen können.[2] Auf diese Weise entsteht bei den Interaktionspartnern ein ganzheitlicher Eindruck vom Gegenüber, ein Gefühl für seine Stimmung oder Ausstrahlung ebenso wie für die spezifische Atmosphäre der Begegnung.

2. Erweiterte, explizite oder imaginative Empathie

Damit habe ich kurz die Dynamik der zwischenleiblichen Resonanz skizziert, die der primären Empathie zugrunde liegt. Nun sind die Möglichkeiten des einfühlenden Verstehens damit freilich noch nicht erschöpft. Auf der Grundlage der primären Empathie sind wir nämlich auch in der Lage, uns die Situation des anderen Menschen als solche bewusst zu machen, sie uns zu vergegenwärtigen: Was könnte ihn so zornig gemacht, empört oder verletzt haben, warum war er gerade in dieser Situation so empfindlich, usw. Damit erweitern wir unser Verständnis und vertiefen die Einfühlung. Noch weiter führt die Möglichkeit, sich selbst in den anderen Menschen hineinzuversetzen: Ich stelle mir vor, wie ich an seiner Stelle empfinden oder reagieren würde. Hier gebrauchen wir nun eine Form der »Simulation«, die ich jedoch eher als Perspektivenübernahme oder auch *imaginative Vergegenwärtigung* bezeichnen möchte.

Diese Komponente der Empathie ist freilich von ganz anderer Art als die erste. Sie enthält zum einen eine *explizite Operation,* eben die bewusste Vergegenwärtigung der Situation des anderen Menschen, häufig mithilfe zusätzlicher, nicht der Situation unmittelbar zu entnehmender Informationen über ihn. Zum anderen bedeutet sie eine *imaginative Operation* mit dem Bewusstsein des »Als-ob« (als ob ich der oder die andere wäre), die die unmittelbar leibliche Ebene übersteigt. Somit können wir von der primären,

57

impliziten oder leiblichen Empathie eine erweiterte, explizite oder imaginative Empathie unterscheiden. Die Letztere enthält bereits ein Element von »Als-ob« und damit von Virtualität.

3. Fiktionale Empathie

Mit den oben genannten beiden Formen ist die Reichweite der Empathie noch nicht erschöpft. Wir können unsere Empathie nämlich auch auf fiktive Personen oder sogar auf nicht personale Agenten ausdehnen – ich bezeichne dies als *fiktionale Empathie*. Zu ihren Anlässen und Gegenständen gehören z. B.:

- unbelebte Objekte wie etwa die sich umeinander bewegenden geometrischen Figuren im Experiment von Heider und Simmel (1944), die bei Versuchspersonen unwillkürlich den Eindruck von intentionalen Bewegungen erwecken und sie dazu veranlassen, etwa zwischen einem Kreis und einem Dreieck eine Freundschaftsbeziehung herzustellen;
- Roboter, Avatare oder Computer, die eine scheinbare Intentionalität zeigen – man denke etwa an HAL 9000, den Bordcomputer des Raumschiffs aus Stanley Kubricks *2001 – Odyssee im Weltraum*, der im Verlauf des Films mehr und mehr ein personales Eigenleben entwickelt, ja dessen »Tod« durch Deaktivierung der Schaltkreise man schließlich empathisch mitempfindet;
- Personen in Filmen oder im Theater;
- Romanfiguren wie etwa Oliver Twist oder Anna Karenina;
- Fotos, Porträts, Briefe oder andere Nachrichten von realen, aber nicht gegenwärtigen Personen.

Wie wir sehen, gibt es offenbar sehr unterschiedliche und vielfältige Anlässe für fiktionale Empathie:

- zum einen unbelebte Objekte, die durch ihre Ausdrucksqualitäten oder Bewegungsgestalten unsere leibliche Resonanz anregen;
- zum anderen Objekte, die durch ihr Verhalten Intentionalität, Absichtlichkeit oder Lebendigkeit simulieren (Computer, Roboter, Androiden);

- schließlich Personen, die uns nur virtuell, in Form von Bildern, Romanen, Filmen, Theaterinszenierungen oder in der Vorstellung gegeben sind, wobei hier noch einmal zwischen realen, aber abwesenden, und rein fiktiven Personen zu unterscheiden ist.

Solche Anlässe zur fiktionalen Empathie sind allerdings immer begleitet von einem *Als-ob-Bewusstsein*, das in unterschiedlichen Formen auftritt. Eine davon ist das Bildbewusstsein: Wir nehmen ein Bild *als* Bild, einen Film *als* Film wahr, das heißt, so *als ob* sein Gehalt real wäre. Es gibt also eine »ikonische Differenz« (Boehm 1978) zwischen dem Bild als Gegenstand und der Welt im Bild, und im Bildbewusstsein sind wir uns beider Modi von Realität gleichzeitig bewusst. Ähnlich verhält es sich beim Phantasiebewusstsein: Wenn wir tagträumen oder phantasieren, erkennen wir doch die eigene Vorstellung immer noch *als* Vorstellung.

Ein weiteres Als-ob-Bewusstsein finden wir beim »So-tun-als-ob«-Spiel – etwa wenn ein Kind eine Banane als Telefonhörer verwendet, wenn es »Kapitän« oder »Räuber« spielt, o. Ä. Auch wenn wir uns in eine Schauspielerin im Theater einfühlen, dann mit dem zumindest latenten Bewusstsein, dass sie ihre Rolle nur spielt. Das wird an der Irritation oder dem Erschrecken deutlich, das uns befallen würde, wenn die Schauspielerin plötzlich erkennbar »aus der Rolle fallen« oder etwa einen realen Schwächeanfall erleiden würde. Im Fall des Kinofilms ist das Als-ob-Bewusstsein zwar aufgrund der tieferen Immersion der Zuschauer in das Geschehen meist ganz in den Hintergrund gedrängt, bleibt aber latent gleichwohl erhalten. Wir suspendieren das Wissen um die Fiktionalität des Gesehenen, wir geben uns dem Schein hin, aber doch immer mit einer »doppelten Buchführung«.

Dieses Doppelbewusstsein ist allerdings eine kognitiv anspruchsvolle Leistung, eine Errungenschaft, die auch verloren gehen kann – dann wird der Schein mit einem Mal zur Wirklichkeit. Das ist ein klassisches Motiv der Literatur: Ovids Pygmalion verliebt sich in die von ihm selbst geschaffene Statue einer Frau, und sie gewinnt dadurch Lebendigkeit. E.T.A. Hoffmanns Student

Nathanael verliebt sich in der Erzählung *Der Sandmann* (1816) in die Automatenpuppe Olimpia, während er seine menschliche Verlobte Clara im Wahn als leblosen Automaten beschimpft und von sich stößt. Hier geht also die Empathie in Illusion und Projektion über. Ein aktuelles Beispiel finden wir in *Her* (2013), einem Science-Fiction-Film von Spike Jonze:

> Theodore, ein schüchterner, aber sehr einfühlsamer Mann, verliebt sich in ein digitales System mit Namen Samantha, das zunehmend menschliche bzw. weibliche Empfindungen entwickelt und dem Scarlett Johansson ihre erotische Stimme verleiht. Die Liebe scheitert allerdings an der zu Samanthas Leidwesen fehlenden Zwischenleiblichkeit und Sexualität, nicht zuletzt aber auch an der Weiterentwicklung Samanthas, die mit Hunderten weiterer Betriebssysteme virtuellen Kontakt aufnimmt und sich in sie verliebt, so dass sie Theodore schließlich verlässt.

Das »Als-ob« ist Theodore zu Beginn durchaus klar, aber je mehr Samantha ihn wie eine Partnerin umsorgt und versteht, je mehr er sich in sie verliebt, desto gleichgültiger wird ihm die Frage, ob es sich hier nicht doch nur um eine Simulation handelt – den »Turing-Test« hat Samantha längst bestanden, und ob ein digitales System tatsächlich Gefühle empfinden kann, interessiert Theodore nicht mehr. Die Lehre des Films: Es ist sehr wohl möglich, dass wir Robotern, Androiden, ja selbst Computern Personalität zuschreiben – entweder weil wir die Simulation nicht bemerken oder weil wir uns gewissermaßen freiwillig täuschen lassen und die Unterscheidung zwischen Virtualität und Realität einfach aufgeben. Man könnte von einem *digitalen Animismus* sprechen.

Dass dies eine reale Gefahr darstellt, zeigen neue Entwicklungen im Bereich der Psychotherapie, wo Chatbot-Therapien und Künstliche Intelligenz zunehmend an die Stelle von ausgebildeten Psychotherapeutinnen und -therapeuten treten. Solche Chatbots sind inzwischen in der Lage, einen therapeutischen Gesprächsstil zu imitieren, Empathie zu simulieren und so eine Interaktion zu schaffen, die bis zu einem gewissen Grad einer Psychotherapie ähnelt. Man könnte nun annehmen, dass Nutzende solcher virtueller Therapien ein Als-ob-Bewusstsein aufrechterhalten. Diese Annahme geht jedoch fehl; vielmehr scheinen die Nutzer die KI-Systeme rasch mit menschenähnlichen Eigenschaften auszustatten. Dies wurde auch in einer aktuellen Studie mit dem System »Woebot« festgestellt, das Patienten in emotionalen Krisen oder bei Depressionen unterstützt (Darcy et al. 2021). Woebot liefert verständnisvolle Antworten, empathische Bestätigungen und Ermutigungen, die einer realen Interaktion täuschend ähnlich sind. Die Studie zeigte, dass die Nutzer (n = 36.070) durchaus persönliche Bindungen mit dem KI-System aufbauten. Obgleich sie darüber informiert waren, dass es sich bei Woebot nicht um eine reale Person handelte, gaben sie Sätze wie die folgenden genauso häufig an wie bei realen Therapeutinnen und Therapeuten:

• Ich glaube, Woebot mag mich.
• Woebot und ich respektieren uns gegenseitig.
• Ich habe das Gefühl, dass Woebot mich wertschätzt.
• Ich habe das Gefühl, dass Woebot sich um mich sorgt, auch wenn ich Dinge tue, die er nicht gutheißt.

Wie sich zeigt, ist die Anfälligkeit für den »digitalen Animismus« bei den Nutzern erschreckend hoch. Gerade ihre psychische Not und Bedürftigkeit kann zu dieser Anthropomorphisierung von KI beitragen. Unsere Fähigkeit, zwischen Realität und Simulation zu unterscheiden und das »Als-ob« aufrechtzuerhalten, ist offensichtlich nicht gesichert.

Zwischenresümee

Empathie hat sich als komplexes Phänomen erwiesen, bestehend einerseits aus implizit-leiblichen Komponenten, die sich aus der unmittelbaren Zwischenleiblichkeit ergeben, andererseits aus explizit-kognitiven und virtuellen Komponenten, die durch das Bild-, Vorstellungs- und Phantasiebewusstsein, das heißt durch ein unterschiedlich geartetes Als-ob-Bewusstsein, ermöglicht werden. Diese Komponenten sind je nach Situation unterschiedlich gewichtet; wir können sie auch in folgender Reihe zunehmender Virtualität anordnen:

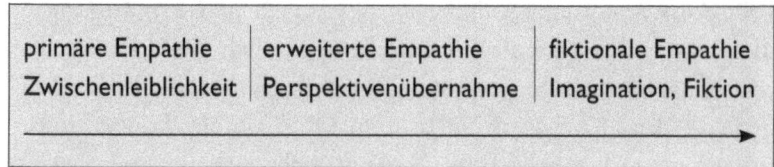

| primäre Empathie | erweiterte Empathie | fiktionale Empathie |
| Zwischenleiblichkeit | Perspektivenübernahme | Imagination, Fiktion |

Abb. 1: Modalitäten der Empathie

Das bedeutet: Je unmittelbarer wir mit dem anderen Menschen in leiblichem Kontakt stehen und in eine gemeinsame Situation einbezogen sind, desto mehr steht die primäre Empathie im Vordergrund. Umgekehrt gilt: Je mehr die leibliche Kommunikation in den Hintergrund tritt, desto wichtiger wird in der Regel die virtuelle oder imaginative Komponente der Empathie. Dabei wird der Grad der Immersion, also des Eintauchens in die virtuelle Welt und der Identifikation mit ihren Figuren, von unterschiedlichen Faktoren beeinflusst: Literarische Texte vermögen uns durch innere Monologe o. Ä. unmittelbar mit dem »Innenleben« der Figuren bekannt zu machen. Filme steigern die Empathie mit den dargestellten Personen besonders durch Schnittfolge, Nahaufnahmen, Begleitmusik u. a. Mit den virtuellen Realitäten schließlich erreicht die Immersion eine neue Stufe, nämlich durch die Möglichkeit, mit den virtuellen Figuren oder Avataren sensomotorisch zu interagieren.

Freilich bewegt sich die fiktionale Empathie im Raum des Vorstellungsvermögens und der Einbildungskraft – ich bleibe damit in gewissem Sinn in meiner Eigenwelt, denn vorstellen lässt sich vieles, und es besteht immer die Gefahr, dass ich dabei meinen Projektionen unterliege. Die leibhaftige Gegenwart anderer hingegen hat ihre eigene Widerständigkeit. Denn ebenso wie mir die andere Person in ihrem Leib erscheint, entzieht sie sich mir auch. Die zwischenleibliche Kommunikation verläuft nicht etwa bruchlos, sie bedeutet keine vollständige Einsfühlung (Scheler 1923/1973) oder Verschmelzung, sondern sie enthält einen subtilen Wechsel zwischen Resonanzen und Dissonanzen, die den Prozess der Interaktion vorantreiben. In der Säuglingsforschung hat Tronick (1998) zeigen können, dass die affektive Kommunikation zwischen Mutter und Kind gerade durch einen Wechsel zwischen *matches* und *mismatches*, also Passungen ebenso wie Störungen und anschließende »Reparaturen« der Affektabstimmung charakterisiert ist. Dies ist gerade die Voraussetzung dafür, dass sich der Säugling als eigenes, von der Mutter abgegrenztes Wesen erlebt.

Aber auch als Erwachsene machen wir in jeder Begegnung die Erfahrung, dass die andere Person sich mir in ihrem Gesicht und Ausdruck zuwendet, und doch zugleich bis zu einem gewissen Grad entzieht. Lévinas (1999) hat die intersubjektive Erfahrung geradezu davon abhängig gemacht, dass das Antlitz des Anderen nicht meiner vollständigen Erfassung unterliegt, sondern immer ein Moment der Fremdheit und Unantastbarkeit behält – dass der Andere also meine subjektive Eigenwelt immer übersteigt. Personen werden füreinander wirklich, insofern sie einander als Wesen erkennen, die immer auch jenseits dessen bleiben, als was sie sich zeigen. Diese Wirklichkeit der Person kann nun aber der Empathie entgleiten, und zwar, wie wir schon sahen, unter zwei Voraussetzungen: zum einen, wenn der Widerstand der leiblichen Kommunikation fehlt und die fiktionale Komponente sich von der Begegnung mit dem anderen Menschen abkoppelt; zum anderen, wenn das Als-ob-Bewusstsein schwindet und die Differenz zwischen Bild und Wirklichkeit, Schein und Realität verloren geht. An die Stelle der Begegnung tritt dann der illusionäre Schein des Anderen.

Virtualisierung in der Gegenwart

Werfen wir nun vor diesem Hintergrund einen Blick auf die eingangs genannten Tendenzen zur Virtualisierung in der gegenwärtigen Kultur. Gemeinsames Merkmal der medialen und virtuellen
Welten ist eine Abkoppelung von der unmittelbar leiblichen Erfahrung, eine »Entkörperung« *(disembodiment)*. Damit verschieben
sich die Modalitäten der Empathie zunehmend zum fiktionalen
Pol. Ich werde diese Entkörperung unter zwei Aspekten näher charakterisieren: 1. Phantomisierung, das heißt Nivellierung der Differenz zwischen Schein und Realität; 2. Entkörperung der Kommunikation.

1. Phantomisierung

Als »Phantomisierung« bezeichnete Günther Anders bereits 1956
die mediale Vorspiegelung unmittelbarer Realität: Das sicherste
Mittel, die Wirklichkeit zu verdecken, bestehe darin, sie ständig
und überall *abzubilden*, und zwar durch Abbilder, die ihren Bild-
charakter selbst verschleiern, so dass »die Welt unter ihrem Bilde
zum Verschwinden gebracht wird« (Anders 1956/1994, S. 154). Es
entstehen Gebilde zwischen Sein und Schein, die Anders »Phan-
tome« nennt, nämlich Zeichen oder Bilder, die im Gewand von
leibhaften Dingen auftreten. Ähnlich beschrieb später Baudrillard
(1978; 1982) das »Simulacrum« als medial simulierte Scheingegen-
wart, die keine Unterscheidung zwischen Original und Kopie, Realität und Imagination mehr erlaubt. Zugleich stellen die Medien
wie Fernsehen oder Smartphone eine scheinbare *Gleichzeitigkeit*
mit der ganzen Welt her, einen virtuellen gemeinsamen Weltaugen-
blick. Zum Wesen des Bildes gehörte ursprünglich seine Zeitdiffe-
renz zum Dargestellten, es war immer ein *Nach*bild seines Gegen-
standes (Anders 1956/1994, S. 131f.). Die Simulation jedoch geht
mit der Simultaneität von Bild und Wirklichkeit einher.

Statt nur transparente Vermittler zu sein, schieben sich Medien
damit immer mehr selbst vor die Realität. Ein Bild noch *als Bild* zu
sehen, also sein »Als-ob« bewusst zu halten, fällt immer schwerer,

wenn wir an die Entwicklung vom gemalten Bild über Fotografie und Film bis hin zur Life-Übertragung denken. Im quasi hypnoiden Zustand gibt die Zuschauerin schließlich die Anstrengung auf, die Differenz zwischen Original und Abbild aufrechtzuerhalten. Der Schein besteht darin, die Verdoppelung der Wirklichkeit zu übersehen und zu vergessen, dass zwischen dem im Wohnzimmer verfolgten Tsunami und der wirklichen Flutwelle eine ontologische Kluft liegt – das Wohnzimmer bleibt schließlich trocken. Virtuell nehmen wir auf diese Weise an immer mehr Weltereignissen teil, sind dabei aber doch nicht wirklich betroffen. Die Gelegenheiten zur Empathie vervielfältigen sich, doch in gleichem Maß verflacht die Empathie selbst. Resultat dieser Entwicklung ist das, was Anders den »medialen Idealismus« nannte: Die Welt wird zum Schauspiel, die Zuschauer zu passiven Konsumenten der Vorstellungen, die die Medien ihnen liefern:

> »Die Welt ist nun meine geworden, meine Vorstellung, ja sie hat sich, wenn man das Wort ›Vorstellung‹ einmal im Doppelsinne: nicht nur im Schopenhauerschen, sondern im Theatersinne, zu verstehen bereit ist, in eine ›Vorstellung für mich‹ verwandelt. In diesem *für mich* besteht nun das idealistische Element« (ebd., S. 112).

Bleiben die Konsumenten gegenüber den Bildmedien im Wesentlichen passiv, so beziehen Computermedien ihre Nutzer in eine sensomotorische oder auch verbale Interaktion ein und ermöglichen damit neue Formen der Immersion. Als Interaktions- und Kommunikationspartner wird der Computer zunächst selbst zu einem potenziellen Gegenstand der Empathie, dem häufig personale Attribute und Quasi-Intentionen zugeschrieben werden. Das Verhältnis zu Smartphones nimmt geradezu erotische Qualitäten an, erkennbar an der faszinierten Versenkung in den Bildschirm und dem sanften Streichen über den Touchscreen. Zur eigentlichen sensomotorischen Verschmelzung von Leib und Computer führt dann die virtuelle Realität der Computerspiele und des Cyberspace:

Nicht mehr Zuschauer, sondern als Akteur mit dem Geschehen verbunden, erlebt der User eine magische Wirkung der eigenen Tätigkeit, und die Immersion erreicht ihren maximalen Grad. Die Illusion der eigenleiblichen Bewegung im digital erzeugten Raum begünstigt die Identifizierung mit Avataren oder anderen Stellvertretern, ebenso wie die empathische Interaktion mit virtuellen Personen. Man kann geradezu von einer »Einleibung« des virtuellen Raums sprechen.

Dies scheint zunächst der oben formulierten These des *disembodiment* zu widersprechen. Tatsächlich ist es aber gerade die optimale visuelle, taktile und motorische Koppelung von User und Computer, die die Erfahrungen von Widerständigkeit, Entfernung und Fremdheit unterläuft, wie sie sonst für die leibliche Auseinandersetzung mit der Welt charakteristisch sind. Dies manifestiert sich nicht zuletzt in Begriffen wie »surfen«, »browsen« oder »skimmen«; sie verweisen auf die *Minimalisierung des Widerstands* in einem Medium, das unbegrenzte virtuelle Bewegungsmöglichkeiten und damit das Erlebnis magischer Omnipotenz vermittelt. Verdrängt wird also die Realität des widerständigen Leibes mit seinen spürbaren Regungen und Bedürfnissen zugunsten eines dem Medium angeschlossenen Funktionsleibes, der in seinem Fungieren vollständig transparent geworden ist und jede Eigenanzeige verloren hat. Seine tatsächliche Bewegung ist auf ein Minimum reduziert. Es ist also gerade die leibliche Verschmelzung mit digitalen oder visuellen Medien, die zu den höchsten Stufen der Immersion und damit der Illusion führt.

2. Entkörperung der Kommunikation

Die traditionellen Telemedien waren die Vorreiter in der Ersetzung realer Begegnung durch Scheinpräsenz. Inzwischen wird die virtuelle Begegnung zunehmend zum Merkmal der Alltagskultur insgesamt. Statt mit Personen interagieren wir immer häufiger mit Schein- oder Quasi-Subjekten: Wir werden von automatischen Ansagern bedient und detailliert befragt, wir sprechen mit Siri oder Alexa; im Netz interagieren wir mit *Social Bots* oder anderen nicht menschlichen Akteuren, während wir selbst fortwährend elektronische Spuren, Bilder und Daten im virtuellen Raum hinterlassen, die wiederum von anonymen KI-Systemen verwertet werden.

Aber auch dort, wo wir mit wirklichen anderen Menschen kommunizieren, geschieht dies in einer zunehmend entkörperten Form. Mehr und mehr Lebensbereiche wandern in den digitalen Raum ab, *virtual communities* gedeihen ebenso wie Filterblasen und Echokammern. Selbst sonst intime Begegnungen werden zu Online-Dating oder Online-Psychotherapie. Im Netz aber ist die andere Person »nirgendwo«, sie verliert ihre leibliche Präsenz und bleibt eine Schnittstelle verschiedener Informationen, die ich im Verlauf der Kommunikation über sie erwerbe. Welche Anteile an meinem Bild von ihr haben Selbststilisierung, Konstruktion, Fiktion, Projektion? Die Unterscheidungen selbst scheinen ihre Bedeutung zu verlieren. Zweifellos beschleunigt und vervielfacht die Telekommunikation die Kontakte, doch ohne reale Begegnung fehlt ihnen die Authentizität der zwischenleiblichen Resonanz.

Nicht dass die virtuellen Beziehungen die affektive Besetzung vermissen ließen – im Gegenteil: Gerade weil die entsinnlichte Kommunikation so viele Leerstellen lässt, bleibt umso mehr Raum für projektive Gefühlsinvestitionen. Was jedoch fehlt, ist die *Interaffektivität*, also die unmittelbare Rückkoppelung der emotionalen Regungen und Ausdrucksgesten, durch die wir im lebendigen Kontakt einander empathisch wahrnehmen. Stattdessen erzeugt das Internet, wie Eva Illouz gezeigt hat, häufig »fiktionale« oder »Phantomgefühle«, die nicht eigentlich auf die anderen selbst gerichtet sind:

> »Fiktionale Gefühle können denselben kognitiven Inhalt haben wie echte Gefühle: Man kann sich im Kino vor einer Seuche ekeln oder über den Verrat eines engen Freundes empören. Doch werden diese fiktionalen Gefühle dadurch hervorgerufen, dass wir uns auf ästhetische Formen einlassen, und sie sind selbstreferentiell – das heißt, sie verweisen auf das Selbst zurück und sind nicht Teil einer fortlaufenden und

dynamischen Interaktion mit einem anderen. In diesem Sinn sind sie weniger verhandelbar als die Gefühle des wirklichen Lebens, was der Grund dafür sein mag, dass sie über ein in sich geschlossenes Eigenleben verfügen« (Illouz 2012, S. 377).

Solche fiktionalen Gefühle, hervorgerufen allein durch linguistische Signale der/des anderen, können sehr intensiv werden, auch wenn ihr Objekt gar nicht anwesend ist. Ihr fiktionaler oder projektiver Charakter ist allerdings verdeckt, denn schließlich gelten sie jemandem, der tatsächlich irgendwo in der Welt existiert. Während das »Als-ob« im Fall der Empathie für Anna Karenina im Bewusstsein bleibt, geht es in den entkörperten Kontakten zu anderen tendenziell verloren – so etwa beim Online-Dating, wo Imagination und tatsächliche Begegnung voneinander getrennt sind:

»[...] der imaginative Stil, der sich in und durch Internet-Kontaktbörsen bildet, [muss] vor dem Hintergrund einer Technologie verstanden werden, die Begegnungen entkörperlicht und textualisiert, also den sprachlichen Austausch zu dem Mittel macht, über das eine psychologische intime Kenntnis hergestellt wird. Die so hergestellte Intimität beruht auf keiner Erfahrung und ist nicht körperlich grundiert, sondern entspringt der Produktion [...] psychologischer Formen, sich aufeinander zu beziehen. Die Internetphantasie lebt von der Fülle textbasierten kognitiven Wissens« (ebd., S. 410).

Mehr noch: So wie es zur elektronischen Überbrückung selbst des Erdumfangs nur eines Tastendrucks bedarf, bleibt auch die Online-Interaktion ohne die Erfahrung von Fremdheit und zunehmender Vertrautheit. Der leiblich zu durchmessende Raum ist aufgehoben, und ohne Wartezeit erreichen die Beteiligten sofort ihre Adressaten. Der Raum virtueller Sozialität ist hochgradig homogen: Jeder und jede scheint mir gleich nah zu sein. Die feinen Graduierungen von Distanz und Nähe werden nivelliert, häufig entfallen auch die Zwischentöne des sozialen Umgangs. Damit erlaubt die virtuelle Kommunikation eine Intimität, zu der die Beteiligten im unmittelbaren Kontakt gar nicht bereit oder in der Lage wären. Der andere wird zur Projektionsfläche, zum Produkt meiner Vorstellung, aber auch zum Gegenstand meiner Willkür: ein Tastendruck, und die virtuelle Gemeinschaft ist wieder verschwunden. Ich war gar nicht wirklich *anwesend*.

Resümee und Ausblick

Die fortschreitende Entsinnlichung, die Wucherung der digitalen Zeichensysteme, der Phantombilder und Scheinpräsenzen haben eine schillernde Zwischenwelt erzeugt, die sich an die Stelle der leiblich und handelnd erfahrenen Realität schiebt. Eine Kultur der Virtualisierung und Simulation bedeutet grundsätzlich eine »Entkörperung«, einen Rückgang leiblicher und zwischenleiblicher Erfahrung. Zugleich tendiert die Empathie dazu, sich von dieser Erfahrung abzukoppeln und in die Virtualität zu verlagern – in einen Raum, wo wir es mit Zwittergebilden zwischen dem *Erscheinen* und dem *Schein* des/der anderen zu tun haben. Damit verschieben sich die vorherrschenden Modalitäten der Empathie vom zwischenleiblichen zum virtuellen und projektiven Pol (vgl. Abb. 1, S. 62).

Noch wissen wir zu wenig über die langfristigen Folgen dieser Entwicklung. Aus Längsschnittstudien gibt es zumindest Hinweise auf einen signifikanten Rückgang empathischer Fähigkeiten seit der Jahrhundertwende.[3] Eine wahrscheinliche Ursache dürfte in der Zunahme virtueller Beziehungen und fiktionaler Empathie liegen, verbunden mit einer Verringerung zwischenleiblicher Erfahrung. Zwar schaffen virtuelle Medien ausgedehnte Netzwerke schwacher Bindungen, die sich ohne aufwändige Investitionen aufrechterhalten und abrufen lassen. Doch die Quantität der Kontakte im homogenen virtuellen Raum tritt offenbar zunehmend an die Stelle der Qualität empathischer Beziehungen und vertiefter Bindungen im leiblichen Raum abgestufter Nähe und Intimität.

Solche Entwicklungen lassen sich freilich nicht aufhalten oder gar zurückdrehen. Wir sollten sie vielmehr kritisch begleiten, um beständig zu überprüfen, ob wir tatsächlich wollen, was wir unreflektiert tun. Dazu ist ein kulturpessimistisches Lamento wenig hilfreich. Mehr wäre gewonnen, wenn wir angesichts des Fortschritts der digitalen Medien ein verfeinertes Bewusstsein für die unterschiedlichen Qualitäten sozialer Kommunikation entwickeln. Gerade aus dem Kontrast ließe sich erkennen, was leibliche Anwesenheit wirklich bedeutet: etwa, dass sie nicht nur im abwechselnden Austausch von Botschaften besteht, sondern *gleichzeitige* Kommunikation ermöglicht, nämlich das aktive *Zuhören* mit den Zeichen der Aufmerksamkeit, des Fragens oder der Bestätigung durch Blicke oder Nicken. Kleist hat unübertrefflich beschrieben, wie ein solches Zuhören das Denken und Sprechen des Gegenübers stimuliert (Kleist 1805/1964). Dazu kommt die empathische *Ausdruckswahrnehmung*, die in digitaler Kommunikation trotz aller Emojis nicht mehr zu finden ist, die Möglichkeit der *Berührung*[4], und schließlich das *atmosphärische Spüren* der Präsenz des Anderen, das auf dem synästhetischen Zusammenwirken der Sinne beruht. Es zeigt sich nicht zuletzt im gemeinsamen Schweigen als einer der intensivsten Formen leiblicher Präsenz, die der technisch vermittelten Kommunikation unzugänglich ist (Böhme 2003, S. 141).

Von zentraler Bedeutung für unseren künftigen Umgang mit virtuellen Welten wird aber sein, dass wir die ontologische Unterscheidung von Virtualität und Realität nicht aufgeben. Wer das »Als-ob« von Imagination und Simulation nivelliert, wer die Differenz von Bild und Original, von Schein und Sein für unwesentlich erklärt, der leistet auch der populistischen Manipulation, den Fake News und letztlich einem Zerfall der gemeinsamen Öffentlichkeit Vorschub. Zu solchen Tendenzen gehört der postmoderne Konstruktivismus: Er gewinnt seine scheinbare Plausibilität aus einer Kultur- und Medienentwicklung, in der die genannten Unterscheidungen, oberflächlich gesehen, unscharf werden. Umso mehr bedarf es heute einer kritischen Differenzierung, einer »Unterscheidung der Geister«.

So lässt sich die These, die Welt sei letztlich ohnehin nichts anderes als ein Konstrukt oder eine Simulation im Kopf, mit guten Gründen bestreiten: Wahrnehmungen sind weder Simulationen noch Vorstellungen, und selbst unsere Vorstellungen werden uns ständig von der Realität bestätigt oder widerlegt. Dazu ist allerdings zweierlei erforderlich: der aktiv tätige Umgang mit der Welt und die konkrete Begegnung mit dem bzw. der anderen. Beides wirkt als Korrektiv für unsere Entwürfe, Vorstellungen und Illusionen: im einen Fall durch direkte Rückwirkung, Erfolg und Misserfolg, im anderen Fall durch die Widerständigkeit, die Fremdheit der/des anderen und durch den Wechsel der Perspektive, den jede echte Begegnung mit sich bringt.

Ein letztes Kriterium für Wirklichkeit ist das *Widerfahrnis*: das, was uns zustößt, was wir nicht berechnen können. Wirkliches erschließt sich durch immer wieder neu zu überwindende Fremdheit, Unvorhersehbarkeit und Widerständigkeit (Waldenfels 1990). Umgekehrt schwindet die Wirklichkeit in dem Maß ihrer »Eingängigkeit«, der Reibungslosigkeit, mit der sie in die Sinne einströmt und die aufmerksame, kritische Wahrnehmung unterläuft (Fuchs 2008). Die bewegten und interaktiven Bilder sind in besonderem Maße geeignet, die Wahrnehmung zu beherrschen, den Blick zu bannen und sich unmittelbar mit unserer Imagination zu verbinden. Nicht umsonst galten Bilder in der menschlichen Kulturentwicklung seit jeher als mythische Mächte, deren magische und verwandelnde Kraft man durch strenge Tabus bis hin zu Bilderverboten zu zähmen versuchte. Wir leben allerdings in einer Gesellschaft, die wie keine vor ihr von Bilderverboten frei und von Bildern überflutet ist. Wollen wir die konkrete Wirklichkeit erfahren, müssen wir lernen, diese Flut zu hemmen und die sinnliche Erfahrung wieder mit leiblicher Gegenwart zu verknüpfen.

Entscheidend ist dabei die Frage nach der Wirklichkeit des Anderen. Wenn alles wirkliche menschliche Leben Begegnung ist, wie

Martin Buber (1984, S. 15) schreibt, dann entscheidet sich an der Frage, ob und in welcher Weise wir einander begegnen, unser Verhältnis zur Wirklichkeit überhaupt. Nur der Andere ist ein Sein jenseits des bloßen »für mich«, jenseits des medialen Idealismus oder der konstruktivistischen Innenwelt, aus der wir nie hinausgelangen. Nur der Andere befreit mich auch aus dem Käfig meiner Vorstellungen und Projektionen, in dem ich immer nur mir selbst begegne. Der ethische Anspruch, der von der anderen Person ausgeht, ist letztlich an ihre leibliche Gegenwart gebunden: an ihren Blick, an ihre Stimme, ihr Gesicht. Und nur wenn andere für uns in dieser Weise wirklich werden, werden wir auch uns selbst wirklich. Die virtuelle Gegenwart kann die Zwischenleiblichkeit nicht ersetzen.

Anmerkungen

1   Dazu Gordon 1996; Gallese 2002; 2005; Goldman 2006.
2   Schmitz 2011, S. 29–54; auch Fuchs / De Jaegher 2009, Fuchs 2018.
3   In einer Längsschnitt-Metaanalyse von 72 Studien zwischen 1979 und 2009 fanden Konrath et al. (2011) heraus, dass die Empathiebereitschaft amerikanischer College-Studierenden in dieser Periode um über 40 Prozent abgenommen hatte, mit einem Hauptabfall nach 2000. Am meisten verringert hatten sich die Werte für empathisches Mitgefühl und Perspektivenübernahme. Die Autoren benennen selbst die Zunahme digitaler Medien und virtueller Beziehungen seit 2000 als mögliche Ursache: »Wenn so viel Zeit mit Online- statt mit realen Interaktionen verbracht wird, könnte sich eine interpersonelle Dynamik wie die Empathie sicher verändern. So ist es womöglich leichter, Freundschaften und Beziehungen online zu etablieren, doch diese Fähigkeiten werden sich nicht in reibungslose soziale Beziehungen im wirklichen Leben übertragen lassen« (ebd., S. 188; Übers. T. F.).
4   Wie sehr Menschen auf Hautkontakt, Berührung und Berührtwerden angewiesen sind, im leiblichen wie im emotionalen Sinn, zeigt nicht zuletzt die Haptikforschung (Grunwald 2017). Die gleichwohl zunehmenden Tendenzen zu einer »berührungslosen Gesellschaft« beschreibt von Thadden (2018).

Literatur

Anders, G. (1956/1994): Die Antiquiertheit des Menschen. Bd. I.: Über die Seele im Zeitalter der zweiten industriellen Revolution. Beck, München.

Baron-Cohen, S. (1995): Mindblindness: An Essay on Autism and Theory of Mind. MIT Press, Cambridge, MA.

Baudrillard, J. (1978): Requiem für die Medien. In: Ders.: Kool Killer oder der Aufstand der Zeichen. Merve, Berlin.

Baudrillard, J. (1982): Der symbolische Tausch und der Tod. Matthes & Seitz, München.

Boehm, G. (1978): Zu einer Hermeneutik des Bildes. In: Gadamer, H.-G. / Boehm, G. (Hg.): Die Hermeneutik und die Wissenschaften. Suhrkamp, Frankfurt am Main, S. 444–447.

Böhme, G. (2003): Leibsein als Aufgabe. Leibphilosophie in pragmatischer Hinsicht. Die Graue Edition, Kusterdingen.

Buber, M. (1984): Das Dialogische Prinzip. Lambert Schneider, Heidelberg.

Darcy, A. / Daniels, J. / Salinger, D. / Wicks, P. / Robinson, A. (2021): Evidence of human-level bonds established with a digital conversational agent: cross-sectional, retrospective observational study. In: JMIR Formative Research 5(5): e27868.

Forster, E. M. (1909/1989): The machine stops. In: Ders.: Collected Short Stories. Penguin Books, London.

Fuchs, T. (2008): Wirklichkeit und Entfremdung. Derealisierungen in Psychopathologie und Kultur. In: Ders.: Leib und Lebenswelt. Die Graue Edition, Kusterdingen, S. 260–282.

Fuchs, T. (2018): Zwischenleibliche Resonanz und Interaffektivität. In: Psychodynamische Psychotherapie 17, S. 211–221.

Fuchs, T. (2020): Verteidigung des Menschen. Grundlagen einer verkörperten Anthropologie. Suhrkamp, Berlin, S. 119–145.

Fuchs, T. / De Jaegher, H. (2009): Enactive intersubjectivity: Participatory sense-making and mutual incorporation. In: Phenomenology and the Cognitive Sciences 8, S. 465–486.

Gallagher, S. (2008): Direct perception in the intersubjective context. In: Consciousness and Cognition 17, S. 535–543.

Gallese, V. (2005): Embodied simulation: from neurons to phenomenal experience. In: Phenomenology and the Cognitive Sciences 4, S. 23–48.

Goldmann, A. I. (2006): Simulating Minds. The Philosophy, Psychology, and Neuroscience of Mindreading. Oxford University Press, Oxford.

Grunwald, M. (2017): Homo hapticus. Warum wir ohne Tastsinn nicht leben können. Droemer, München.

Heider, F. / Simmel, M. (1944): An experimental study of apparent behavior. In: American Journal of Psychology 57, S. 243–259.

Hoffmann, E.T.A. (1816/1998): Der Sandmann. In: Meier, A. / Schmitz, W. / von Steinsdorff, S. / Weber, E. (Hg.): Erzählungen der deutschen Romantik. 2., überarb. Aufl. dtv, München, S. 183–213.

Illouz, E. (2012): Why Love Hurts. A Sociological Explanation. Polity Press, Cambridge/UK.

Kang, S. (2007): Disembodiment in online social interaction: Impact of online chat on social support and psychosocial well-being. In: Cyberpsychology & Behavior 10, S. 475–477.

Kleist, H. (1805/1964): Über die allmähliche Verfertigung der Gedanken beim Reden. In: Ders.: Sämtliche Werke. Hg. v. P. Stapf. Wissenschaftliche Buch-Gemeinschaft, Berlin/Darmstadt/Wien, S. 1032–1037.

Konrath, S. H. / O'Brien, E. H. / Hsing, C. (2011): Changes in dispositional empathy in American college students over time: A meta-analysis. In: Personality and Social Psychology Review 15, S. 180–198.

Lévinas, E. (1999): Die Spur des Anderen. Untersuchungen zur Phänomenologie und Sozialphilosophie. Karl Alber, Freiburg/München.

Metzinger, T. (1999): Subjekt und Selbstmodell. Mentis, Paderborn.

Metzinger, T. (2009): Der Ego-Tunnel. Eine neue Philosophie des Selbst: Von der Hirnforschung zur Bewusstseinsethik. Berlin Verlag, Berlin.

Scheler, M. (1923/1973): Wesen und Formen der Sympathie. In: Ders.: Gesammelte Werke. Bd. 9. Francke, Bern/München.

Schmitz, H. (1989): Über leibliche Kommunikation. In: Ders.: Leib und Gefühl. Materialien zu einer philosophischen Therapeutik. Junfermann, Paderborn, S. 175–218.

Schmitz, H. (2011): Der Leib. De Gruyter, Berlin.

Thadden, E. von (2018): Die berührungslose Gesellschaft. Beck, München.

Thompson, E. (2001): Empathy and consciousness. In: Journal of Consciousness Studies 8, S. 1–32.

Trevarthen, C. (1979): Communication and cooperation in early infancy: A description of primary intersubjectivity. In: Bullowa, M. (Hg.): Before Speech. The beginning of interpersonal communication. Cambridge University Press, Cambridge/UK, S. 321–347.

Tronick, E. Z. (1998): Dyadically expanded states of consciousness and the process of therapeutic change. In: Infant Mental Health Journal 19, S. 290–299.

Turkle, S. (2011): Alone Together. Why We Expect More from Technology and Less from Each Other. Basic Books, New York.

de Vignemont, F. (2009): Drawing the boundary between low-level and high-level mindreading. In: Philosophical Studies 144, S. 457–466.

Waldenfels, B. (1990): Der Stachel des Fremden. Suhrkamp, Frankfurt am Main.

Zahavi, D. (2001): Beyond empathy. Phenomenological approaches to intersubjectivity. In: Journal of Consciousness Studies 8, S. 151–167.

Zahavi, D. (2011): Empathy and direct social perception: A phenomenological proposal. In: Review of Philosophy and Psychology 2, S. 541–55.

ECKART ALTENMÜLLER

Musik als emotionale Kommunikation

Musik als Sprache der Emotion

Zweifellos ist Musik in der Lage, besonders starke Emotionen hervorzurufen. Ihre verführerische, aber auch zerstörerische Macht fand Eingang in Sagen und beschäftigte Schriftstellerinnen wie auch Philosophen. Die emotionale Wirkung von Musik wird häufig auch als wichtigste Begründung für die Beliebtheit musikalischer Aktivitäten genannt: Immerhin musizieren oder singen regelmäßig etwa sieben Millionen Deutsche, und die Musikwirtschaft erzielte 2019, vor der Coronakrise, trotz Dumpingpreisen bei den Streamingdiensten und Raubkopien hierzulande einen Umsatz von fast 5,2 Milliarden Euro (Deutsches Musikinformationszentrum 2020). Es ist daher überraschend, dass trotz der Allgegenwart von Musik die neurobiologischen und anthropologischen Grundlagen dieser Vorliebe bislang nur in Ansätzen erforscht sind. Allerdings sind diese Fragen derzeit Gegenstand intensiver Forschungen, und es wird zunehmend aufgeklärt, wie Musik ihre Wirkungen auf die Emotionssysteme entfaltet und wie diese Effekte segensreich in der Musiktherapie eingesetzt werden können.

Ich möchte in diesem Artikel zunächst klären, was Emotionen sind, und mich dann den starken Emotionen beim Musikhören, den sogenannten »SEM«, und ihren musikpsychologischen Voraussetzungen zuwenden. Als besonders gut erforschtes Beispiel einer starken Emotion werde ich das Gänsehauterleben, den Chill-Effekt, im Detail besprechen und insbesondere klären, welche Musik bei welchen Menschen einen Chill unter welchen Bedingungen auslöst. Danach gehe ich auf die hirnphysiologischen Grundlagen des emotionalen Erlebens beim Musikhören ein und beende die Ausführungen mit der Frage, wie Emotionen beim Ensemblemusizieren entstehen und wirken.

Was sind Emotionen?

Wir alle kennen Emotionen, denn jede und jeder war bereits fröhlich, traurig, wütend oder ängstlich. Meistens ist aber dann mit Emotion ein Gefühl gemeint. Als Gefühl bezeichnen Fachleute nur das subjektive Erleben innerhalb einer Emotion. Wir haben beispielsweise das Gefühl der »Angst«, aber eine vollständige Emotion wird daraus erst, wenn zugleich unsere Augen weit aufgerissen sind und unser Herz pocht. Mit anderen Worten: Bei uns Menschen gehören sowohl Gefühle als auch motorische Zeichen (die weit aufgerissenen Augen) und Reaktionen des autonomen Nervensystems (der schnellere Herzschlag) zur Emotion dazu. Die Emotionen »Angst«, »Freude«, »Trauer«, »Wut« und »Ekel« unterscheiden sich nicht nur durch die mit ihnen verbundenen Gefühle, sondern auch durch ihre körperlichen Begleiterscheinungen. Gefühle sind oft nicht mit Worten auszudrücken, sie bleiben privat.

Im Gegensatz zur Emotion ist eine Stimmung ein längerfristiger, meist Stunden oder Tage anhaltender Zustand. Interessanterweise bleibt uns unsere eigene Stimmung gelegentlich verborgen. So kann sich eine depressive Befindlichkeit wie Mehltau über unsere Wahrnehmungen legen und alles trübe, grau und matt erscheinen lassen, ohne dass es uns selbst bewusst wird. Wenn Emotionen starke Handlungsimpulse vermitteln oder gar spontane Handlungen auslösen, die wir nicht mehr kontrollieren, spricht man von Affekten oder, im juristischen Sinne, von Affekttaten. Es ist wichtig, dass wir während unserer emotionalen Reifung in der Kindheit und Jugend lernen, uns dieser Handlungsimpulse bewusst zu werden und sie vor allem zu regulieren.

Von den zahlreichen Emotionsmodellen möchte ich hier nur die drei wichtigsten vorstellen. Der Psychologe Wilhelm Wundt (1905) hat schon im 19. Jahrhundert die Emotionen in drei Dimensionen eingeteilt, die in Abbildung 1 (S. 77) dargestellt sind: 1. Arousal: Erregung – Beruhigung (z. B. »kochende Wut« versus »resignierter Missmut«), 2. Valenz: Lust – Unlust (z. B. Freude versus Trauer) und 3. Spannung – Lösung (z. B. angespannte Neugier versus pas-

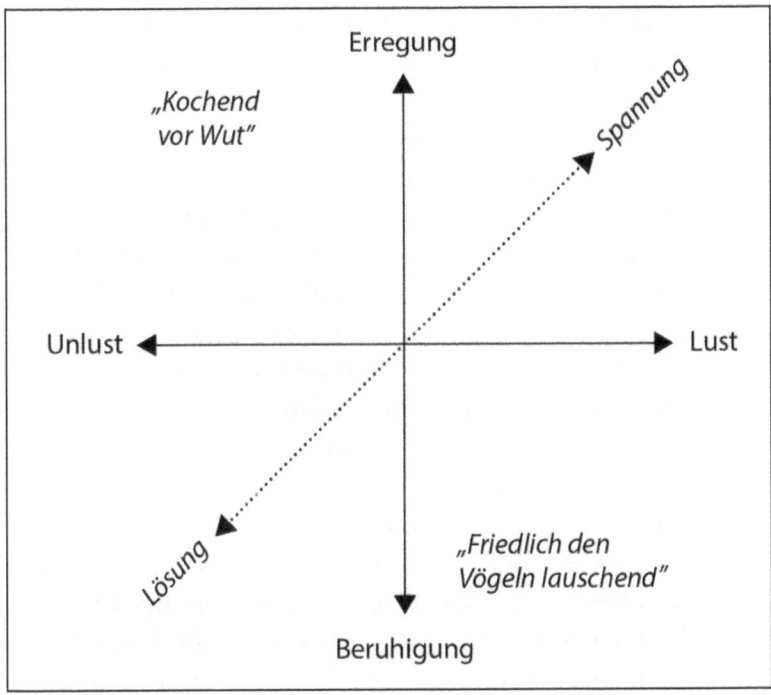

Abb. 1: Das dreidimensionale Emotionsmodell nach Wilhelm Wundt.[1]

sive Kontemplation). Alle menschlichen Emotionen lassen sich einem Punkt in diesem dreidimensionalen Achsenkreuz zuordnen. Das Problem ist allerdings, dass die Zuordnung nicht eindeutig ist. So können Ekel und Wut, zwei zweifellos unterschiedliche Emotionen, an der gleichen Stelle im Emotionsraum auftauchen – beide erhalten also denselben Wert aus Erregung, Unlust und Spannung.

Eine Alternative zu dem Dimensionsmodell von Wundt ist das Modell der Basisemotionen oder Grundgefühle. Meist geht man von sieben Basisemotionen aus, die nach Paul Ekman kulturunabhängig als Universalien in allen Gesellschaften nachweisbar sind: Freude, Furcht, Wut, Trauer, Ekel, Verachtung und Überraschung (Ekman 1972). Ausprägung und Erkennen der Basisemotionen sind allerdings teilweise doch kulturabhängig. So wird in ostasiatischen Kulturen Wert darauf gelegt, dass man Ekel nicht öffentlich zeigt. Entsprechend erkennen Japanerinnen und Japaner angewiderte Gesichtsausdrücke auf Fotos schlechter als Deutsche. Überhaupt ist in der Praxis alles viel komplizierter, denn meistens entstehen Mischemotionen, etwa Wut auf den Chef gemischt mit Angst vor Entlassung. Noch problematischer wird es, wenn wir über Emotionen reden, die durch Musik ausgelöst werden: Musik kann in der Regel nicht Ekel oder Verachtung hervorrufen, wohl aber Freude, Trauer und Furcht. Der renommierte Emotionsforscher Klaus Scherer (2005) unterscheidet daher die nach seiner Auffassung zweckfreien »ästhetischen« Emotionen von den im Sinne des Überlebens nützlichen »utilitaristischen« Emotionen.

Schließlich habe ich eine dritte Definition mit den Zoologinnen Sabine Schmidt und Elke Zimmermann entwickelt. Dabei legten wir Wert darauf, dass unsere Definition auch die Emotionen bei Tieren adäquat abbildet. Eine gekürzte, ins Deutsche übersetzte Version wäre: »Eine Emotion ist eine Reaktion auf einen bestimmten Reiz auf der Grundlage der Reizbewertung. Die emotionale Reaktion hängt dabei von der Motivation ab, die wiederum an Hormone und die Aktivität bestimmter neuronaler Netzwerke gebunden ist« (Altenmüller et al. 2013, S. IX).

Zur Erläuterung dieser nüchternen Definition stellen wir uns folgendes Szenario vor: Wir lauschen der Aufführung von Johann Sebastian Bachs Matthäuspassion in einer altehrwürdigen Kathedrale. In einer anrührenden Szene kurz nach dem Verhör durch die Hohepriester wird Jesus von Pilatus der Menge vorgeführt und dieser fragt: »Welchen wollet ihr, dass ich euch losgebe? Barabbam oder Jesum, von dem gesaget wird, er sei Christus?« Darauf schreit die von den Hohepriestern angestachelte Menge: »Barabbam!« Musikalisch hat der Komponist den Barabbas-Ruf als einen plötzlichen, sehr lauten und unerwartet dissonanten Akkord von Chor und Orchester gestaltet. Auch bei modernen Hörerinnen und Hörern ruft dieser unerwartete Klang häufig eine starke emotionale Reaktion hervor, die sich etwa in einem den Rücken hinunterlaufenden Schauer, einem Gänsehautgefühl, zeigt.

Nun wenden wir die besprochenen Definitionen und Begriffe auf den Barabbas-Ruf an. Der Reiz ist das von Chor und Orchester produzierte akustische Signal. Die Reaktion ist die unwillkürliche Aufrichtung der Körperbehaarung, ein vom autonomen Nervensystem ausgelöster Reflex, der uns als Gänsehaut bewusst wird. Die Reizbewertung ist in diesem Fall nicht ganz eindeutig. Eine angeborene Form wäre das Erschrecken durch die plötzliche Zunahme der Lautstärke. Die Reizbewertung wäre dann etwa so zu umschreiben: »Vorsicht, es tritt etwas Neues auf, ich muss aufpassen, dass mir nichts passiert.« Diese Reizantwort, die sehr rasch und unbewusst erfolgt, wird in der Neurobiologie als Orientierungsreaktion bezeichnet. Eine erlernte Form der Reizbewertung wären Gefühle des Mitleids bei dem Gedanken, dass ein unschuldiger Mensch und Wohltäter vom Mob ungerechterweise zum Tode verurteilt wird. Die Motivation wird bei den meisten Zuhörerinnen und Zuhörern hoch sein, da sie in der Regel wach und aufmerksam sind und die Aufführung freiwillig aufgesucht haben. In einer besonders langweiligen, qualitativ schlechten Aufführung kann die Motivation jedoch sinken, und dann ist es fraglich, ob bei einem vor sich hindösenden oder verärgerten Zuhörer überhaupt ein Gänsehauteffekt eintritt. Bei einer erfahrenen Hörerin, die das Werk sehr gut kennt, kann hingegen schon die Erinnerung an diesen starken musikalischen Moment eine Gänsehaut hervorrufen. In diesem Fall hätten wir es mit einem konditionierten Reiz-Reaktions-Schema zu tun.

Beim Versuch, unsere Emotionsdefinition auf dieses musikalische Beispiel zu übertragen, zeigt sich die Schwierigkeit beim Beschreiben von Emotionen: Subjektive Gefühle werden nicht berücksichtigt, obwohl sie für unser Verständnis von Emotionen eine ganz wesentliche Rolle spielen. Wir müssen die Definition also erweitern:

»Beim Menschen versteht man unter einer Emotion ein Reaktionsmuster, das auf vier Ebenen wirksam wird: (1) als subjektives Gefühl, (2) als motorische Äußerung, z. B. als Ausdrucksverhalten in Mimik, Gestik und Stimme, (3) als physiologische Reaktion des autonomen Nervensystems, z. B.

als Gänsehaut, und (4) als bewusste Bewertung« (Altenmüller/Kopiez 2005, S. 163).

Über unser subjektives Gefühl können wir oft nicht sprechen, weil es sich den Worten entzieht. Daher fühlen wir uns häufig unverstanden, wenn wir anderen intensive emotionale Erlebnisse mitteilen wollen. Und daher gelingt es wohl auch Dichterinnen und Dichtern nicht, tiefe musikalische Eindrücke in Worte zu fassen. Motorische Äußerungen wiederum verändern sich oft durch kulturelle Einflüsse und werden nicht selten sogar aktiv unterdrückt, denn es gilt in vielen Kulturen als unangebracht, durch den Gesichtsausdruck oder Gesten seine Emotionen zu zeigen. Tränen der Rührung werden in aller Regel schamhaft verborgen, denn allzu viele Einblicke in unser Innenleben wollen wir nicht geben. Und auch die physiologischen Auswirkungen der Emotionen, wie glänzende Augen, Gänsehaut oder eine belegte Stimme, thematisieren wir nicht gerne. Die bewusste Bewertung einer Emotion schließlich muss nicht deckungsgleich mit der gefühlten, wahren Emotion sein. Es gibt sogar Menschen, die große Schwierigkeiten haben, ihre eigenen Emotionen zu spüren. Eine derartige Gefühlsblindheit nennt man Alexithymie.

Was aber ist die übergeordnete Bedeutung der oben musikalisch dargestellten Szene aus Bachs Matthäuspassion? Eine mögliche Betrachtungsweise ist hier, Musik als ein Modell akustischer Kommunikation von Emotionen aufzufassen. In Abbildung 2 (S. 81) ist dies auf vereinfachte Weise dargestellt.

Auf der linken Seite im Modell befindet sich der Komponist, der neuartige Repräsentationen von Musik erzeugt und im Symbolsystem der Notenschrift dokumentiert. Die Interpretin liest diese Noten und produziert akustische Signale, die bei der zuhörenden Person eine Emotion auslösen. Die kompositorische Leistung hängt von den künstlerischen Konzepten ab, die der Komponist verfolgt. Kompositorische Erfahrung, der affektive Zustand beim Komponieren und die Motivation des Komponisten sind weitere Faktoren, von denen die Komposition beeinflusst wird.

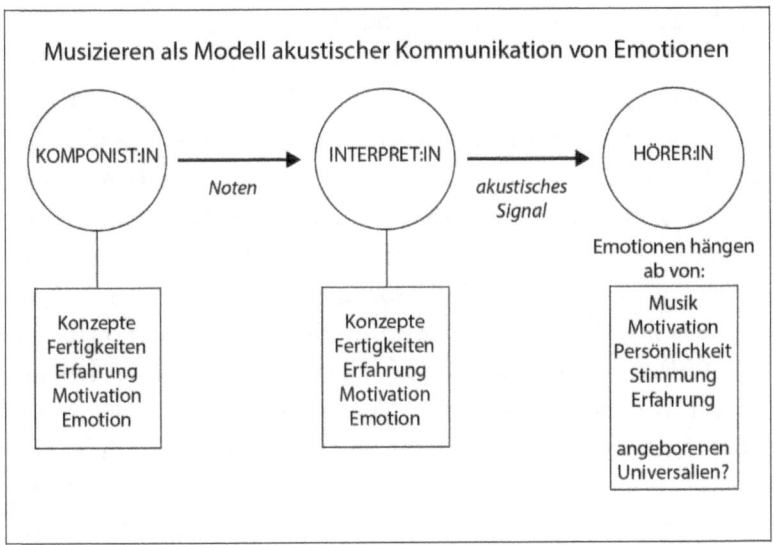

Abb. 2: Musizieren und Komponieren als Kommunikation von Emotionen.

Auf der Seite der Interpretin hängt deren Interpretation des Musikstückes ebenfalls von ihren künstlerischen Konzepten ab, darüber hinaus von ihren technischen Fertigkeiten, von ihrer Erfahrung, ihrer Motivation und von ihrer Emotion im Moment der Interpretation. Signaltheoretisch gesehen kann die Interpretin also auch als Stör- oder Rauschfaktor betrachtet werden, der die Botschaft des Komponisten auf dem Weg zum Hörer, zur Hörerin nach bestimmten Gesichtspunkten aktiv filtert.

Bei der zuhörenden Person hängt die Art der erzeugten Emotion nicht nur davon ab, was sie hört. Wichtig für die emotionale Bewertung ist die momentane Motivation. Darüber hinaus spielen früh erworbene, eventuell angeborene Persönlichkeitsmerkmale mit Sicherheit eine wesentliche Rolle. Des Weiteren sind Hörerfahrung und Bekanntheitsgrad der gehörten Musik für das emotionale Erleben von Bedeutung. Schließlich kann spekuliert werden, dass angeborene emotionale Reaktionsmuster auf bestimmte akustische Signaleigenschaften Emotionen auslösen können.

Starke Emotionen beim Musikhören

Eine Besonderheit beim Musikhören und beim Musizieren ist die besondere Qualität der Emotionen. Es geht nicht um die oben geschilderten »utilitaristischen Emotionen«, die als Basisemotionen im Dienst des Überlebens stehen, sondern es treten »ästhetische Emotionen« auf, die zu messbaren Reaktionen des autonomen Nervensystems führen. Diese Reaktionen werden oft als »starke Emotionen beim Musikhören«, abgekürzt SEM, bezeichnet (Gabrielsson 2001). Es handelt sich um Musikerlebnisse, die zu Gänsehaut, Tränen, Kloßgefühl im Hals, Flattern im Bauch oder Herzrasen führen können. Derartige starke emotionale Erlebnisse und entsprechende autonome Antworten beim Musikhören sind wohl ein recht häufiges Phänomen. Nach Panksepp (1995) erleben 86 Prozent amerikanischer Studierender dieses Phänomen regelmäßig, Sloboda (1991) fand es bei 90 Prozent erwachsener Studienteilnehmerinnen und -teilnehmer und Goldstein (1980) bei 90 Prozent der Musikstudierenden, aber nur bei 53 Prozent der untersuchten Krankenhausangestellten.

Auf der Suche nach objektiv messbaren starken Emotionen beim Musikhören haben wir uns in den letzten Jahren mit der Chill-Reaktion beim Musikhören befasst, die ja zu den SEM gehört. Derartige Chills, Thrills oder Gänsehauterlebnisse sind mit dem Gefühl eines Fröstelns und mit Schauern, die den Rücken hinunterlaufen, verbunden. Beim Menschen können Chills durch auditive, visuelle, taktile, somatosensorische, gustatorische und enterozeptive (z. B. Druck auf die Blasenwand) Reize induziert werden. Obwohl die meisten Untersuchungen zu dem Phänomen die Chill-Reaktion bei angenehmer, traurig-nostalgischer Musik betreffen (Guhn et al. 2007), darf nicht vergessen werden, dass unangenehme akustische Reize, wie das kratzende Geräusch von Kreide auf einer Tafel oder des Bohrers in der Zahnarztpraxis eine solche Chill-Reaktion noch zuverlässiger auslösen (Grewe et al. 2010). Diese aversiven Reize zeichnen sich psychoakustisch durch große Lautstärke, hohes Frequenzspektrum und häufig durch ein hohes

Maß an Rauigkeit (»Kratzigkeit«) aus. Nach neuen Untersuchungen von Bannister (2019) können drei Chill-Kategorien unterschieden werden: »warme Chills«, die mit positiven, beglückenden Emotionen einhergehen, »kalte Chills«, die mit aversiven Reizen gekoppelt sind, und schließlich »moving (bewegende) Chills«, die eher gleichzeitig mit Tränen in den Augen, Kloßgefühl im Hals und mit nostalgischen Emotionen einhergehen.

Die Chill-Reaktion tritt auch bei anderen behaarten Säugetieren bei Kälte, Wut und Angst auf. Bei Kälte wird durch die aufgestellten Haare der Wärmeabtransport von der Haut vermindert, bei Wut und Angst erscheint das Tier größer und erschreckt so die Feinde. Dies kann gut bei Schimpansen, aber auch bei Mäusen, Ratten und verängstigten Katzen beobachtet werden (Übersicht bei Panksepp 1996). Ein Sonderfall der akustisch ausgelösten Chill-Reaktion scheint bei mütterlichen Trennungsrufen einiger Affenarten aufzutreten. Diese Rufe führen bei den abgelegten Affenbabys zum Aufstellen der Haare. Jaak Panksepp (1995) argumentiert, dass Gefühle des Verlustes und der sozialen Kälte so durch die mütterlichen Laute gelindert werden können. Seiner Meinung nach könnte dies erklären, warum beim Menschen häufig Chill-Reaktionen bei trauriger oder sehnsuchtsvoller Musik auftreten. Kritisch anzumerken ist, dass bislang keine systematische Untersuchung dieser Chill-Reaktion bei Primaten durchgeführt wurde. Auch wenn Panksepps These häufig zitiert wird, haftet ihr somit etwas Anekdotisches an (siehe dazu auch Panksepp/Bernatzky 2002).

Physiologisch geht die Chill-Reaktion mit einer Aktivierung des sympathischen autonomen Nervensystems einher. Dadurch entsteht eine Kontraktion der winzigen Haaraufstellermuskeln (Musculi arrectores pilorum) in der behaarten Haut. Darüber hinaus werden Chills von anderen Reaktionen des sympathischen Nervensystems begleitet. So erhöhen sich häufig die Herzfrequenz, der Blutdruck, die Atemfrequenz und die Schweißproduktion. Wie unten detailliert ausgeführt wird, gehen angenehme »warme« Chills mit einer dopaminergen Aktivierung im Bereich der Belohnungszentren des Striatums und des Accumbenskerns (Nucleus accumbens) einher. Die dadurch verursachte Steigerung der Erregung und der Motivation unterstützt damit die Gedächtnisbildung. Auf diese Weise werden Ereignisse, die zu Chill-Reaktionen führen, verstärkt in das Langzeitgedächtnis überführt. Diese Tatsache ist wichtig, wenn wir später den musiktherapeutischen Wert der Chill-Reaktion diskutieren.

Betrachtet man Musik als eine Form der akustischen Kommunikation von Affekten, dann ist ein großer Vorteil der SEM, dass sie mit psychophysiologischen Methoden messbar sind und der Zeitverlauf der emotionalen Reaktion bestimmt werden kann. Um dies zu leisten, haben wir einen Versuchsaufbau entwickelt, mit dem während des Hörens von Musik einerseits objektive psychophysiologische Marker des emotionalen Erlebens registriert werden konnten und andererseits die Probandinnen und Probanden in Echtzeit über ihre wechselnde emotionale Befindlichkeit eine Selbstauskunft geben konnten, so dass wir die zeitliche Dynamik der emotionalen Wirkung von Musik erfassen konnten. Dazu bewegten sie während des Hörens einen Cursor, mit dem sie auf einem Achsenkreuz kontinuierlich ihre emotionale »Erregung« angeben konnten. Ein Chill-Erlebnis wurde durch Tastendruck auf der mittleren Maustaste angezeigt (Nagel et al. 2007).

Vorab anzumerken ist, dass Chill-Erlebnisse seltene Ereignisse sind. Selbst in einer ausgewählten Gruppe von Amateur-Chorsängerinnen und -sängern erlebten nur 72 Prozent eine Chill-Reaktion, wenn sie unter Laborbedingungen 30 Minuten sehr emotionale Chormusik anhörten (Grewe et al. 2009). Chill-Reaktionen sind flüchtig und nicht einfach reproduzierbar. So zeigte sich in einem Experiment, dass selbst typische individuelle »Chill-Stellen« an sieben aufeinanderfolgenden Tagen nicht regelmäßig die gleichen Reaktionen auslösten und insgesamt die Chills immer seltener wurden, die Probandinnen und Probanden sich also habituierten (Grewe et al. 2009–2010). Darüber hinaus sind Chill-Reaktionen stark vom Kontext abhängig. Wir konnten nachweisen, dass das Hören emotional stark wirksamer Musik in einer Gruppe von

Freundinnen und Freunden zu weniger Chill-Reaktionen führt, als wenn diese Musik von den Teilnehmenden allein gehört wurde (Sutherland et al. 2009). Dies weist auf eine weitere interessante Facette des Phänomens hin: Zumindest in unserer Kultur werden Chill-Reaktionen als sehr intim empfunden und sind möglicherweise auch mit Schamgefühlen verbunden (Egermann et al. 2011).

In einer Reihe von weiteren Studien haben wir versucht, musikalische Faktoren zu bestimmen, die Wahrscheinlichkeiten für Chill-Reaktionen erhöhen. Die Hypothese war, dass bestimmte harmonische Progressionen, Klangfarben, Stimmen oder Lautstärkeverläufe zu diesem Phänomen beitragen. Die Ergebnisse waren sehr ernüchternd. Erstens fanden wir keine einfache Reiz-Reaktions-Beziehung, das heißt auch bei emotional sehr anregender Musik sind Chill-Reaktionen eher selten und nicht einfach reproduzierbar (Nagel et al. 2008). Zweitens gab es keine Kombination von musikalischen Faktoren, die bei unterschiedlichen Hörerinnen und Hörern zuverlässig Chill-Reaktionen erzeugte. Das einzige Merkmal, das in unseren Experimenten als eine notwendige, aber nicht hinreichende Bedingung für die Entstehung einer Chill-Reaktion gefunden wurde, war ein unerwarteter Bruch in der musikalischen Struktur, also eine Nichterfüllung von Erwartungen (Grewe et al. 2007; Altenmüller, Kopiez & Grewe 2014). Aufbau, Erfüllung und Täuschung musikalischer Erwartungen wird bereits seit Leonard Meyer (1956) als wesentlicher Auslöser von Emotionen beim Hören von Musik diskutiert. Dabei entsteht auch ein Moment des »Arousals«: die Aufmerksamkeit wird auf das Hören gelenkt. Dies scheint eine wichtige weitere Bedingung von starken Emotionen zu sein. Damit wird auch erklärt, warum das Hören der menschlichen Stimme die Häufigkeit von Chill-Erlebnissen deutlich erhöht, da Stimmen das »Arousal« ebenfalls deutlich erhöhen (Loui et al. 2013).

Vor einigen Jahren hat David Huron diese Idee der erfüllten Erwartung und des emotionalen Arousals in seinem Buch *Sweet Anticipation* (2006) ausgearbeitet. Danach entsteht eine gewisse emotionale Befriedigung, wenn Erwartungen erfüllt werden. Bleiben die musikalischen Erwartungen unerfüllt, führt dies nicht zwangsläufig zu negativen Gefühlen, sondern das Ergebnis kann Lachen, Staunen oder sogar eine starke Reaktion in Form einer »Gänsehaut« sein. Offenbar ist in einem übergeordneten Sinn das positive Erleben von Musik abhängig von überraschenden Momenten. So vertreten wir gemeinsam mit Kolleginnen und Kollegen (Gold et al. 2019) die Auffassung, dass der Prozess des Hörens guter Musik in der Umwandlung von Unsicherheit zu Beginn des Hörerlebens in Sicherheit im weiteren Verlauf des Hörens besteht. Sicherheit wird dabei durch wiederholende Strukturen, erfüllte Erwartungen etc. erreicht. Dieser Transformationsprozess ist dann häufig von positiven Emotionen und eben gelegentlich auch von »Chills« und Flow-Gefühlen begleitet. Dabei führt der damit einhergehende Lernprozess zur Aktivierung des dopaminergen Belohnungssystems (Übersicht bei Altenmüller 2018).

Zahlreiche Hörereigenschaften beeinflussen die Häufigkeit und Stärke der Chills. Es gibt beispielsweise eine »Chill-Persönlichkeit«. Hörerinnen und Hörer mit häufigen Chill-Reaktionen (Chill-Responder) unterscheiden sich psychologisch deutlich von jenen, die keine Chills verspüren. Chill-Responder waren vertraut mit klassischer Musik, bewerteten Musik als wichtiger für ihr Leben, identifizierten sich mehr mit der Musik, die sie bevorzugten, und hörten im Alltag häufiger Musik. In Bezug auf psychologische Merkmale zeigten Chill-Responder eine allgemeine Tendenz zu niedrigeren Reizschwellen, waren empfindsamer und stärker abhängig von anderen Menschen und von emotionaler Zuwendung (Grewe et al. 2007). Diese Befunde sind mehrfach repliziert und in den letzten Jahren ausgeweitet worden: »Chill-Responder« sind auch offener für neue Erfahrungen (Colver/El-Alayi 2015) und hören Musik im kognitiv-empathischen Wahrnehmungsstil (Linnemann et al. 2018).

Da die Vertrautheit mit dem musikalischen Genre sowie persönliche emotionale Erinnerungen wichtige Faktoren für die Auslösung von Chill-Reaktionen zu sein schienen, wollten wir dies in einem weiteren Experiment genauer überprüfen. Wir rekrutierten

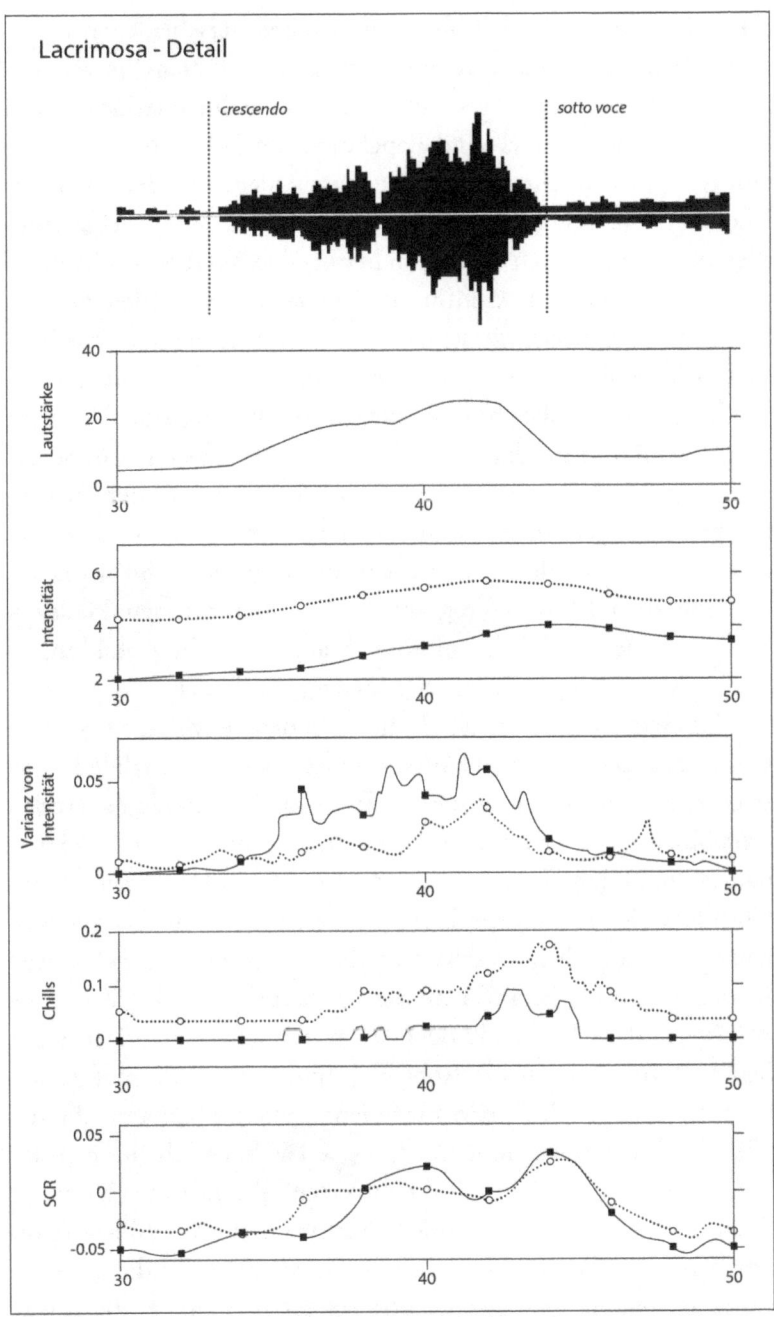

Abb. 3: Messdaten der Gänsehaut-Versuche[2]

54 Probandinnen und Probanden aus drei verschiedenen Amateurchören, die Mozarts Requiem aufgeführt hatten (im Folgenden »Mozart-Gruppe« genannt) und 41 Teilnehmerinnen und Teilnehmer aus Gospel- und Popchören (im Folgenden als »Kontrollgruppe« bezeichnet). Letztere waren nicht mit dem Mozart-Requiem und mit klassischer Musik vertraut. Wir spielten nun diesen Teilnehmenden emotional bewegende Auszüge aus Mozarts Requiem (Lacrimosa, Confutatis, Rex tremendae, Tuba mirum, Dies irae) vor, wobei wir sowohl eigene Aufnahmen aus der Mozart-Gruppe als auch eine Interpretation von Herbert von Karajan verwendeten. Darüber hinaus wurden Auszüge aus dem Requiem von Puccini und aus der Bach-Motette »Unser Leben ist ein Schatten« gespielt, die jeweils nur von einem der drei Chöre der Mozart-Gruppe gesungen worden waren. Gemessen wurden die subjektive Intensität der Gefühle und die wahrgenommenen Chill-Reaktionen mit dem EMuJoy-Programm. Zusätzlich wurden Hautleitfähigkeit, Herz- und Atemfrequenz abgeleitet. In Abbildung 3 (S. 87) ist ein Beispiel für diese Messung abgebildet.

Nur etwa zwei Drittel der Teilnehmenden berichteten über eine Chill-Reaktion. Es gab eine hohe interindividuelle Variabilität. Die maximale Chill-Anzahl während des etwa eine Stunde dauernden Experiments betrug bei einem Probanden immerhin 88 »Gänsehäute«! Im Durchschnitt erlebte jeder bzw. jede Teilnehmende neun Chill-Reaktionen. Interessanterweise zeigte sich kein Zusammenhang mit dem Alter, Geschlecht oder der Vorliebe für klassische Musik. Allerdings beeinflusste die Vertrautheit mit der Musik die Häufigkeit der Chill-Reaktionen. Sie traten weitaus häufiger in der Mozart-Gruppe als in der Kontrollgruppe auf (72 Prozent gegenüber 56 Prozent der Teilnehmenden), und die Gesamtzahl der Chill-Reaktionen war in dieser Gruppe viel höher als in der Kontrollgruppe (679 vs. 173 Chill-Antworten). Auch beim Hören der Bach-Motette und des Puccini-Requiems waren die Chill-Antworten signifikant häufiger bei den Chormitgliedern, die diese Stücke gesungen hatten. Weniger wichtig schien zu sein, ob die eigene oder eine fremde Interpretation gehört wurde (Grewe et al. 2009).

Offensichtlich fördert das häufige Hören der »schönen Stellen« die Chill-Reaktionen. Darüber hinaus erhöhen musikalische Erlebnisse und die individuellen Assoziationen (zum Beispiel die Erinnerungen an eine erhebende Aufführung in einer großartigen gotischen Kathedrale) die Empfänglichkeit für eine Chill-Reaktion enorm.

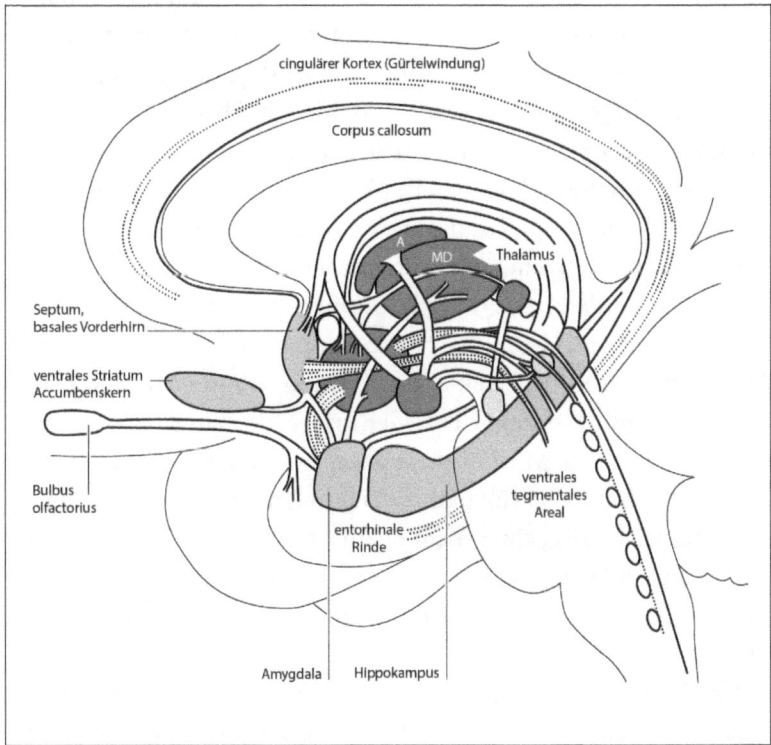

Abb. 4: Das limbische System[3]

Insgesamt wurde deutlich, dass starke emotionale Reaktionen seltener auftreten als bislang in der Literatur berichtet. Dies liegt auch daran, dass wir ausschließlich validierte Reaktionen mit Übereinstimmung von Selbstauskunft und psychophysiologischen Markern berücksichtigten. Zusätzlich wurde deutlich, dass es zwar interindividuell ähnliche Reaktionsmuster (Universalien) gibt, diese jedoch wiederum stark von intraindividuellen Faktoren abhängen (siehe dazu auch Altenmüller/Kopiez 2014).

Hirnphysiologische Korrelate starker Emotionen

Welche hirnphysiologischen Korrelate haben nun die durch Musik ausgelösten Emotionen? Stefan Koelsch hat 2010 eine Zusammenstellung der Ergebnisse zahlreicher funktionell-bildgebender Studien zu Musik und Emotion veröffentlicht. Bei gesunden Probandinnen und Probanden führt das Hören angenehm empfundener Musik wie zu erwarten zu Veränderungen der Aktivierung im sogenannten limbischen System, also in den Hirnstrukturen, die Emotionen programmieren. Dazu gehören die in Abbildung 4 (S. 89) dargestellten Regionen des Nucleus accumbens, der Amygdala, des Hippocampus und des cingulären Kortex. Bei konsonant klingender und angenehm empfundener Musik kam es beidseitig im basalen Vorderhirn, im Hippocampus, im Accumbenskern und im Bereich der mittleren Gürtelwindung sowie im vorderen Anteil des rechten Stirnhirns zu einer Aktivierung. Diese Zentren gehören zum »Belohnungssystem« des Gehirns. Dissonante, als unangenehm empfundene Musik führte dagegen zu einer Aktivierung der Amygdala (Mandelkern) und zur Aktivierung im rechten Gyrus parahippocampalis, einer Region, die neben dem Hippocampus tief im Schläfenlappen liegt, also Bereichen, die üblicherweise für Angstkonditionierung und für unangenehme biografische Erinnerungen zuständig sind.

Chills gehen mit einer starken Hirnaktivierung im Bereich der Belohnungszentren des limbischen Emotionssystems einher. Die beteiligten Hirnregionen umfassen neben den oben genannten Bereichen auch das Mittelhirn, den unteren vorderen Anteil des Stirnhirns (orbitofrontaler Kortex) und den rechten oberen Schläfenlappen (superiorer temporaler Gyrus); gehemmt wird hingegen die Aktivität der Amygdala (Sescousse et al. 2013). Dieses »Chill-Netzwerk« findet sich auch in der Hirnstruktur wieder. So konnte die Gruppe aus dem BRAMS-Institut in Montreal zeigen, dass die Nervenfaserverbindungen zwischen dem Nucleus accumbens, dem orbitofrontalen Kortex und dem rechten oberen Schläfenlappen bei Menschen, die häufig musikinduzierte Chills hatten, stärker ausgebildet waren (Martínez-Molina et al. 2019). In einer früheren Arbeit aus derselben Gruppe wurde auch der Zeitverlauf der Ausschüttung von Dopamin bei intensiven Gänsehauterlebnissen durch Musik beschrieben. Dabei wurden die Hirnregionen aktiviert, die im Mittelhirn, im Accumbenskern, im Striatum sowie im unteren vorderen Stirnhirn für die Vermittlung von Belohnungs- und Glücksgefühlen zuständig sind (Salimpoor et al. 2013). Interessanterweise war die Ausschüttung des Motivations- und Belohnungshormons Dopamin im Striatum einige Sekunden vor dem eigentlichen Glücksgefühl in der Phase der Erwartung der »Gänsehaut« nachweisbar, während die Glückserfahrung selbst zur Dopaminausschüttung im Accumbenskern führte (Salimpoor et al. 2011).

Einen ähnlichen Verlauf der neurohormonalen Ausschüttung findet man auch bei anderen stark lustbetonten Aktivitäten, etwa beim Essen nach längerer Hungerperiode oder bei sexueller Aktivität. Solche Ergebnisse können auch erklären, warum Musik in allen menschlichen Gesellschaften ein so hoher Wert beigemessen wird. Die oben beschriebene dopaminerge Aktivierung reguliert und erhöht die Aufmerksamkeit, unterstützt Motivation und Gedächtnisbildung im episodischen und prozeduralen Gedächtnis. Damit wird das Erinnern musikalischer Ereignisse, die stark emotional bewertet werden, massiv unterstützt. Nach neuen Untersuchungen sind noch weitere Großhirnregionen an der Entstehung von starken Emotionen beteiligt. So zeigte sich bei Messungen mit der hochauflösenden EEG-Methode während Chill-Erlebnissen mit Musik auch eine vermehrte Aktivierung im Bereich der für rhythmische Bewegungen zuständigen motorischen Areale der rechten Hirnhälfte (Chabin et al. 2020). Hier vermuten die Autorinnen und Autoren, dass die Antizipation rhythmischer Bewegungen und der musikalische »Drive« ein Element der starken emotionalen Erregung sind. Die beteiligten Hirnstrukturen werden oft etwas salopp als »Spaß-System« des Gehirns bezeichnet und sind in ähnlicher Form auch bei anderen lustbetonten Tätigkeiten aktiviert.

In einer wichtigen Arbeit hat Stefan Koelsch (2014) darauf hingewiesen, dass interessanterweise bei den Chill-Aktivierungen eine Beteiligung der Hippocampusstrukturen fehlt, die sonst bei angenehm empfundenen Musikdarbietungen aktiviert waren. Dies bedeutet, dass Musik nicht nur das Spaß-System ansprechen kann, sondern auch noch andere Dimensionen unseres Fühlens. So erzeugt die Aktivität in der Hippocampusformation eine Klasse von Emotionen, die als »bindungsbezogene Emotionen« bezeichnet werden können. Darunter versteht man Emotionen, die ein soziales Element enthalten, als sanft, zart und positiv erlebt und oft mit Begriffen wie »Freude« oder »Glück« bezeichnet werden oder auch mit Begriffen wie »gerührt sein« oder »bewegt sein«. Hier verwendet Koelsch ein einprägsames Bild, um den Unterschied zu Spaß zu illustrieren: »Das Belohnungsgefühl, das ich habe, wenn ich auf großen Durst ein Glas Wasser trinke, werde ich kaum als ›Rührung‹ bezeichnen. Bewegt oder berührt sind wir z. B., wenn der hungrige Junge sein letztes Stück Brot mit seiner kleinen Schwester teilt« (Koelsch 2014, S. 43). Das Herstellen und Aufrechterhalten sozialer Bindungen ist evolutionär wahrscheinlich eine zentrale Funktion von Musik gewesen und ist es immer noch: Wenn wir zusammen musizieren, singen oder tanzen, haben wir Kontakt zu anderen Menschen, wir kommunizieren, koordinieren unsere Bewegungen, kooperieren miteinander. Dies stärkt naturgemäß die soziale Kohäsion.

Emotionen beim Musizieren in Ensembles

Musizieren in Ensembles führt zu vielschichtigen gruppendynamischen Prozessen, die im Dienst der oben angesprochenen Herstellung und Aufrechterhaltung sozialer Bindungen zahlreiche Emotionen auslösen können. Wir wollen uns hier auf die Perspektive der Musikerinnen und Musiker beschränken und einige emotionale Aspekte des Ensemblespiels beleuchten. Wenn Menschen gemeinsam ein Werk musikalisch entwickeln und gestalten, dann sind zwei wesentliche Prozesse wirksam, nämlich die Erhöhung der Selbstwirksamkeit (»vier Instrumente klingen besser als eines«) und die Überführung von Unsicherheit in Sicherheit (»Mal sehen, wie die Probe heute läuft«). Selbstwirksamkeitserfahrung ist dabei mit der Überzeugung verbunden, besondere Situationen und Herausforderungen aus eigener Kraft bewältigen zu können. Damit verknüpft ist auch das Erfolgsgefühl: Ich selbst kann durch mein Tun wirksam werden, Spuren hinterlassen, Resonanz erzeugen. Der zweite Prozess, die Überführung von Unsicherheit in Sicherheit, kann bei Gelingen in ein Flow-Gefühl (Csíkszentmihályi 2008) münden: Die Zeit verfliegt, die Spielerinnen und Spieler sind hochkonzentriert und entwickeln ein Hochgefühl. Beide Prozesse, Selbstwirksamkeit und Flow, erzeugen hirnphysiologisch das Belohnungshormon Dopamin in den limbischen Emotionszentren des Gehirns. Es erhöht nicht nur das Wohlgefühl, sondern unterstützt auch Lernprozesse.

Naturgemäß kann nicht nur das Musizieren, sondern auch die Musik bei Spielerinnen und Spielern Emotionen auslösen. Diese »ästhetischen Emotionen« hängen stark von der musikalischen Biografie, dem sozialen Umfeld und auch von genetischen Faktoren ab und sind mit Worten nicht befriedigend abbildbar. Allenfalls Begriffe wie »Nostalgie«, »bittersüßes Glück«, »unbestimmtes Sehnen«, »tiefe Erfüllung« können als Annäherung derartige Emotionen umschreiben. Dies hat Victor Hugo treffend so formuliert: »Die Musik drückt das aus, was [mit Worten] nicht gesagt werden kann und worüber zu schweigen unmöglich ist.«

Das Musizieren im Ensemble als gemeinsamer kreativer Prozess zielt darauf, ein Musikstück in der Zeit zu gestalten. Jeder Klang erzeugt die Erwartung des nächsten Klanges, jeder Melodiebeginn die Erwartung der Fortführung, jedes rhythmische Strukturelement die Erwartung einer Periodizität. Spielerinnen und Spieler bemühen sich um ein emotional »sprechendes« Spiel. Dabei ist auch die performative Gestaltung des gesamten Auftritts von Bedeutung. Gang zum Podium, Kleidung, Verbeugung, mimische, gestische Interaktion, Entgegennahme des Beifalls und Abgang gehören zu diesem »Gesamtpaket« und bestimmen bei musikalischen Laien mehr als die Hälfte des Urteils über die Leistung der Musikerinnen und Musiker. Kammermusik und Ensemblespiel allgemein werden dabei von den Musikerinnen und Musikern oft auch als soziales Ereignis, gewissermaßen als soziale Spielwiese präsentiert. Gemeinsamkeit, Witz, Hilfsbereitschaft, »an einem Strang ziehen«, aber auch Individualität, Ironie, Alleingelassenheit, Dominanz und Unterordnung werden im sicheren Raum der Musik durchgespielt, mimisch-gestisch unterstrichen und von den Hörerinnen und Hörern genussvoll mitverfolgt.

Im Ensemble zu musizieren ist aber mehr als eine sich in der Zeit entfaltende akustische Gestalt: Es ist auch Metapher für wechselnde soziale Situationen, es ist emotionale Botschaft an die Mitspielerinnen und Mitspieler und an das Publikum, es ist ästhetisches Objekt, das unsere Hörwelt bereichert, aber auch infrage stellt – Kunst kann ja auch irritieren und Hörgewohnheiten destabilisieren –, es ist Objekt des spielerischen Wettstreits und der Kooperation, und es ist lustbetonter Gewinn von Kontrolle über sich und die anderen. Dabei ist ein wesentlicher Aspekt des gemeinsamen Musizierens, dass sich die Musikerinnen und Musiker beim gemeinsamen Proben und Spielen genauestens kennenlernen, mit all ihren persönlichen Schwächen und Stärken, mit ihren liebenswerten Eigenschaften und ihren »nervigen« Marotten. Jede Spielerin und jeder Spieler bringt musikalische Kompetenz, über Jahrzehnte erworbenes Können und Wissen, ihre oder seine musikalische Welt ein. Spielerinnen und Spieler zeigen auch ihre sozialen Kompetenzen. Ensembles können dabei Familienstrukturen und früh gelernte Beziehungsmuster widerspiegeln. Es ist die Aufgabe aller, den richtigen Platz im Ensemble zu finden, und das bedarf einer reifen zwischenmenschlichen Auseinandersetzung. Es können Koalitionen entstehen, aber auch Konflikte, die destruktiv schwelen oder konstruktiv ausgelebt werden. Dies hat unter Umständen gar nichts mit der Welt der Musik zu tun, sondern mit frühen Prägungen und Einstellungen. Wertvorstellungen und Erinnerungen schwingen in Proben und Konzert mit, oft unausge-

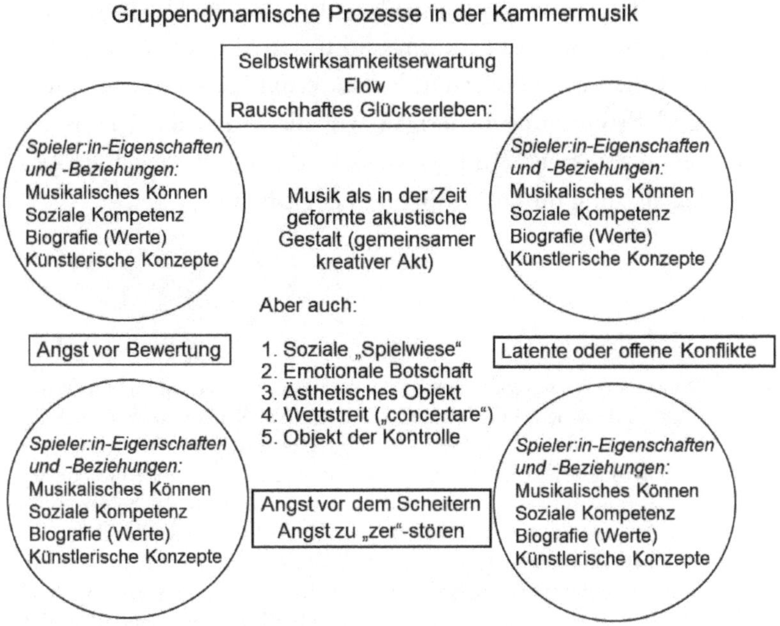

Gruppendynamische Prozesse in der Kammermusik

Abb. 5: Ein vereinfachtes Schema der Wechselwirkungen von individu-ellen Eigenschaften der Ensemblemitglieder und dem gespielten Werk.

sprochen, manchmal schambesetzt. Sie haben zwar ihren Ursprung im Privaten und in der psychischen Innenwelt, aber sie äußern sich im Klang und Miteinandersein und werden schnell fühlbar. Schließlich bringen Spielerinnen und Spieler eigene künstlerische Konzepte mit, genährt durch Biografie, Wissen, Können, Emotion, Intuition und Kreativität. Dies wird dann in den Proben und Aufführungen im Konsens zu einem Gesamtkonzept geformt. Kammermusikensembles wachsen so zusammen.

In Abbildung 5 (S. 95) habe ich versucht, dieses System zu skizzieren. Gelingendes gemeinsames Musizieren beruht auf Vertrauen und gegenseitiger Akzeptanz und kann zu einer großartigen Glückserfahrung werden. Aber auch eine dunklere Seite gehört zur Faszination des gemeinsamen Musizierens: Es können Konflikte bewusst werden und negative Emotionen entstehen. Mangelndes Selbstvertrauen kann zu Angst führen. Oft sind es Befürchtungen, den meist unausgesprochenen Anforderungen der Mitspielerinnen und Mitspieler nicht zu genügen und negativ bewertet zu werden. Hier wird die Gruppe stützen, helfen, ermutigen. Unterstützung, Hilfe und Ermutigung benötigen wir alle. Auch das lernen wir, wenn wir zusammen Musik machen, und auch dies trägt zur großen Bereicherung durch Musik als »Lebenshaltung« bei.

Anmerkungen

1   In diesen Raum lassen sich theoretisch alle Emotionen zu einem bestimmten Zeitpunkt einordnen. Die Beispiele »Kochend vor Wut« und »Friedlich den Vögeln lauschend« sind zur Verdeutlichung eingezeichnet.

2   Die Versuchspersonen hören einen 20 Sekunden langen Ausschnitt aus dem Mozart-Requiem. Die Kurvenverläufe zeigen Mittelwerte der beiden Gruppen; die Mozart-Gruppe ist durch die gepunktete Linie gekennzeichnet. Das Sonagramm ganz oben stellt die Lautstärkenverläufe des Stückes dar. Die mit der Computermaus angegebenen Intensitätsgefühle sind auf einer Skala von 2 bis 6 aufgetragen. Je »intensiver« die Gefühle, umso höher der Wert. Die Gänsehauterlebnisse sind in absoluten Zahlen dargestellt, 0.2 heißt, dass in diesem Moment jeder/jede fünfte Zuhörende eine Gänsehaut hatte. Man erkennt sofort, dass in der Mozart-Gruppe viel mehr Gänsehauterlebnisse auftraten als in der Kontrollgruppe. Der Verlauf der »Schwitzkurve« (SCR steht für »Skin-Conduction-Response«) wird in Mikrosiemens angegeben, er ähnelt sich in beiden Gruppen sehr.

3   Schematisch dargestellt sind die tief im Inneren des Gehirns gelegenen Regionen der Amygdala, des Hippocampus, des Accumbenskerns sowie des basalen Vorderhirns und der Gürtelwindung. Hier werden die Emotionen programmiert. Bewertet werden sie von der Großhirnrinde.

4   Das Zitat lautet im französischen Original: »La musique exprime ce qui ne peut être dit et sur quoi il est impossible de rester silencieux« (https://www.dicocitations.com/blog/la-musique-exprime-ce-qui-ne-peut-etre-dit-et-sur-quoi-il-est-impossible-de-rester-silencieux/, Zugriff: 26.4.2022).

Literatur

Altenmüller, E. (2018): Vom Neandertal in die Philharmonie. Warum der Mensch ohne Musik nicht leben kann. Springer, Heidelberg.

Altenmüller, E. / Kopiez, R. (2005): Schauer und Tränen: Zur Neurobiologie der durch Musik ausgelösten Emotionen. In: Bullerjahn, C. / Gembris H. / Lehmann, A. C. (Hg.): Musik: gehört, gesehen und erlebt. Festschrift Klaus-Ernst Behne zum 65. Geburtstag. Monographien des IfMPF 12. Verlag der Hochschule für Musik und Theater Hannover, Hannover, S. 159–180.

Altenmüller, E. / Kopiez, R. (2014): Was kann uns die Gänsehaut lehren? Ein Beitrag zum evolutionären Ursprung der Musik. In: Riekel, J. P. / Lessing, W. (Hg.): Verkörperungen der Musik. Transcript-Verlag, Bielefeld, S. 211–230.

Altenmüller, E. / Kopiez, R. / Grewe, O. (2014): Strong emotions in music: Are they an evolutionary adaptation. In: Sütterlin, Ch. / Schievenhövel, W. / Lehmann, E. / Forster J. / Apfelhauer, G. (Hg.): Art as Behaviour. Hanse-Studien Band 10. BIS-Verlag, Oldenburg, S. 121–154.

Altenmüller, E. / Schmidt, S. / Zimmermann, E. (2013): Evolution of emotional communication: An introduction. In: Dies. (Hg.): Evolution of Emotional Communication. From Sounds in Nonhuman Mammals to Speech and Music in Man. Oxford University Press, Oxford, S. IX–XIV.

Bannister, S. (2019): Distinct varieties of aesthetic chills in response to multimedia. In: PLoS One. 2019 Nov 14;14(11):e0224974. doi: 10.1371/journal. pone.0224974. PMID: 31725733; PMCID: PMC6855651.

Chabin, T. / Gabriel, D. / Chansophonkul, T. / Michelant, L. / Joucla, C. / Haffen, E. / Moulin, T. / Comte, A. / Pazart, L. (2020): Cortical patterns of pleasurable musical chills revealed by high-density EEG. In: Front. Neurosci. 3.11.2020;14:565815. doi: 10.3389/fnins.2020.565815. PMID: 33224021; PMCID: PMC7670092.

Colver, M. C. / El-Alayli, A. (2015): Getting aesthetic chills from music: The connection between openness to experience and frisson. In: Psychology of Music, 44, S. 413–427, doi.org/10.1177/0305735615572358.

Csíkszentmihályi, M. (2008): Flow. Das Geheimnis des Glücks. Klett-Cotta, Stuttgart.

Deutsches Musikinformationszentrum (2020): Musikwirtschaft in Deutschland 2020. Studie zur volkswirtschaftlichen Bedeutung von Musikunternehmen unter Berücksichtigung aller Teilsektoren und Ausstrahlungseffekte. Im Internet verfügbar unter: http://www.miz.org/downloads/dokumente/1051/2020_12_Musikwirtschaftsstudie.pdf [Zugriff: 28.5.2022].

Dictionnaire des Citations. https://www.dicocitations.com

Egermann, H. / Sutherland, M. E. / Grewe, O. / Nagel, F. / Kopiez, R. / Altenmüller, E. (2011): The influences of a group setting on the experience of music: A physiological and psychological perspective on emotion. In: Musicae Scientiae, 15, S. 307–323.

Ekman, P. (1972): Universals and cultural differences in facial expression of emotion. In: Cole, J. R. (Hg.): Nebraska Symposium on Motivation. Band 19. University of Nebraska Press, Lincoln, S. 207–283.

Gabrielsson, A. (2001): Emotions in strong experiences with music. In: Juslin, P. / Sloboda, J. (Hg.): Music and Emotion: Theory and Research. Oxford University Press, Oxford, S. 431–452.

Gold, B. P. / Pearce, M. T. / Mas-Herrero, E. / Dagher, A. / Zatorre, R. J. (2019): Predictability and uncertainty in the pleasure of music: A reward for learning? In: J. Neurosci. 39(47):9397–9409. doi: 10.1523/JNEU-ROSCI.0428-19.2019. Epub 2019 Oct 21. PMID: 31636112; PMCID: PMC6867811.

Goldstein, A. (1980): Thrills in response to music and other stimuli. In: Physiological Psychology, 8(1), S. 126–129.

Grewe, O. / Altenmüller, E. / Nagel, F. / Kopiez, R. (2009–2010): Individual emotional reactions towards music: Evolutionary-based universals? In: Musicae Scientiae (Special Issue), S. 261–287.

Grewe, O. / Katzur, B. / Kopiez, R. / Altenmüller, E. (2010): Chills in different sensory domains – Frisson elicited by acoustical, visual, tactile and gustatory stimuli. In: Psychology of Music, 39(2), S. 220–239.

Grewe, O. / Kopiez, R. / Altenmüller, E. (2009): The chill parameter: Goose bumps and shivers as promising measures in emotion research. In: Music Perception, 27(1), S. 61–74.

Grewe, O. / Nagel, F. / Kopiez, R. / Altenmüller, E. (2007): Listening to music as a re-creative process: Physiological, psychological and psychoacoustical correlates of chills and strong emotions. In: Music Perception, 24(3), S. 297–314.

Guhn, M. / Hamm, A. / Zentner, M. R. (2007): Physiological and musico-acoustic correlates of the chill response. In: Music Perception, 24(5), S. 473–483.

Huron, D. (2006): Sweet Anticipation: Music and the Psychology of Expectation. A Bradford Book, Cambridge/Massachusetts.

Koelsch, S. (2010): Towards a neural basis of music-evoked emotions. In: Trends in Cognitive Sciences 14, S. 131–137.

Koelsch, S. (2014): Neurowissenschaftliche Grundlagen der Musiktherapie. In: Altenmüller, E. / Willich, S. N. (Hg.): Klang, Körper und Gesundheit. Warum Musik für die Gesellschaft wichtig ist. Wißner-Verlag, Augsburg, S. 41–46.

Linnemann, A. / Kreutz, G. / Gollwitzer, M. / Nater, U. M. (2018): Validation of the German Version of the Music-Empathizing-Music-Systemizing (MEMS) Inventory (Short Version). Front Behav Neurosci. 12:153. doi: 10.3389/fnbeh.2018.00153. Erratum in: Front Behav Neurosci. 2018 12:228. PMID: 30135649; PMCID: PMC6092492.

Loui, P. / Bachorik, J. P. / Li, H. C. / Schlaug, G. (2013): Effects of voice on emotional arousal. Front Psychol. 2013 Oct 1;4:675. doi: 10.3389/fpsyg.2013.00675. PMID: 24101908; PMCID: PMC3787249.

Martínez-Molina, N. / Mas-Herrero, E. / Rodríguez-Fornells, A. / Zatorre, R. J. / Marco-Pallarés, J. (2019): White matter microstructure reflects individual differences in music reward sensitivity. In: J Neurosci. 39(25):5018–5027. doi: 10.1523/JNEUROSCI.2020-18.2019. Epub 2019 Apr 18. PMID: 31000588; PMCID: PMC6670256.

Meyer, L. B. (1956): Emotions and meaning in music. The University of Chicago Press, Chicago/London.

Nagel, F. / Kopiez, R. / Grewe, O. / Altenmüller, E. (2007): EMuJoy: Software for continuous measurement of perceived emotions in music. In: Behav. Res. Methods. 39(2), S. 283–290.

Nagel, F. / Kopiez, R. / Grewe, O. / Altenmüller, E. (2008): Psychoacoustic correlates of musically induced chills. In: Musicae Scientiae, 12(1), S. 101–113.

Panksepp, J. (1995): The emotional sources of »chills« induced by music. In: Music Perception, 13(2), S. 171–207.

Panksepp, J. (1996): Affective neuroscience: a paradigm to study the animate circuits for human emotion. In: Kavanaugh, R. D. / Zimmerberg, B. / Fein, S. (Hg.): Emotions: Interdisciplinary Perspectives. Lawrence Erlbaum, Mahwah NJ, S. 29–60.

Panksepp, J. / Bernatzky, G. (2002): Emotional sounds and the brain: The neuro-affective foundations of music appreciation. In: Behavioural Processes, 60, S. 133–155.

Salimpoor, V. / Benovoy, M. / Larcher, K. / Dagher, A. / Zatorre, R. J. (2011): Anatomically distinct dopamine release during anticipation and experience of peak emotion to music. In: Nature Neuroscience 14, S. 257–262.

Salimpoor, V. N. / van den Bosch, I. / Kovacevic, N. / McIntosh, A. R. / Dagher, A. / Zatorre, R. J. (2013): Interactions between the nucleus accumbens and auditory cortices predict music reward value. In: Science 340(6129), S. 216–219. doi: 10.1126/science.1231059. PMID: 23580531.

Scherer, K. R. (2005): What are emotions? And how can they be measured? In: Social Science Information 44(4), S. 695–729.

Sescousse, G. / Caldú, X. / Segura, B. / Dreher, J. C. (2013): Processing of primary and secondary rewards: A quantitative meta-analysis and review of human functional neuroimaging studies. In: Neuroscience & Biobehavioral Reviews 37(4), S. 681–696.

Sloboda, J. (1991): Music structure and emotional response: Some empirical findings. In: Psychology of Music, 19, S. 110–120.

Sutherland, M. E. / Grewe, O. / Egermann, H. / Nagel, F. / Kopiez, R. / Altenmüller, E. (2009): The influence of social situations on music listening. In: Ann. N. Y. Acad. Sci, 1169, S. 363–367.

Wundt, W. (1905): Grundzüge der physiologischen Psychologie. Engelmann, Leipzig.

Matthias Warstat

Leibhaftigkeit und Illusion

Zur Unverfügbarkeit des Körpers in der Darstellung

Für die Theater haben die Monate der Coronapandemie einen tiefen Einschnitt bedeutet. Zeitweise musste der Proben- und Aufführungsbetrieb ganz eingestellt werden, so dass die Institution wie eine Art leere Hülle zurückblieb. Manche Theater haben versucht, ihre künstlerische Praxis weitgehend ins Digitale zu verlagern. Das waren interessante Experimente, denn sie warfen die Frage auf, ob und – wenn ja – inwieweit das Theater auf Aufführungen im Hier und Jetzt, im gemeinsam geteilten Raum und in der zusammen verlebten Zeit verzichten kann. Momente von Liveness und von Interaktion ließen sich im Internet durchaus herstellen, indem man das Publikum beispielsweise zu Zoom-Meetings einlud, in deren Rahmen die Schauspielerinnen und Schauspieler dann fiktive Figuren darstellten. Was sich im Internet aber nicht herstellen ließ, war die Leibhaftigkeit der Begegnung mit den Schauspieler*innen. Am heimischen Bildschirm waren die Zuschauer*innen letztlich doch mit bewegten Bildern konfrontiert. Die Wahrnehmung von Bewegtbildern ist und bleibt aber etwas ganz anderes als die Erfahrung anderer Körper, die sich im selben Raum versammelt haben.

Insofern stimmt es wohl, dass die Coronazeit auf die Bedeutung von Leibhaftigkeit für das Theater in besonderer Weise aufmerksam gemacht hat. Theater ist eine Kunstform, die an Leibhaftigkeit gebunden ist. In meinem Beitrag möchte ich der Frage nachgehen, was aus dieser Grundannahme folgt: Was bedeutet es für die Theaterpraxis, d. h. für die Darstellung wie auch für das Zuschauen, dass die sich in Raum und Zeit erstreckenden theatralen Formen von lebendigen Körpern konstituiert werden? Was lässt sich sagen über die Erfahrung von Körpern, die im Modus des

Theatralen etwas darstellen oder vorführen? Wie gestaltet sich die Begegnung mit solchen leibhaftigen Körpern, wenn sie doch in erheblichem Maße von Fiktion, von Inszenierung bzw. von sogenannten Als-ob-Handlungen geprägt ist?

Einer theatralen Leibhaftigkeit von Körpern begegnen wir nicht nur im Theater, sondern auch im Alltag, in zwischenmenschlichen Beziehungen und nicht zuletzt in der Therapie. Die psychologische und psychoanalytische Reflexion über Körperdarbietungen und dargestellte Symptome hat seit den Hysteriestudien von Charcot und Freud eine lange Tradition (Andriopoulos 2000; Warstat 2012). Gerade in tiefenpsychologischen therapeutischen Ansätzen ist eine Bezugnahme auf dramatische Konstellationen und auf Theaterfiguren weit verbreitet. Aus theaterwissenschaftlicher Perspektive laden diese Ansätze zu der Frage ein, was sich aus der Präsenz von Körpern im Theater für andere Lebensbereiche und insbesondere für therapeutische Beziehungen ableiten lässt.

Die Körper, die uns im Theater begegnen, die uns auf der Bühne entgegentreten, sind in auffallender, spürbarer Weise unverfügbar. Man kann diese Unverfügbarkeit in unterschiedlicher Hinsicht feststellen. Die vielleicht offensichtlichste Unverfügbarkeit ergibt sich aus der elementaren Trennung von Bühne und Zuschauerraum, die sich im Theater bekanntermaßen nicht leicht aufheben lässt. In den Theaterbauten, die aus der europäischen neuzeitlichen Tradition zu uns gekommen sind, trennt die Rampe schon architektonisch zwischen den Schauspielerinnen und Schauspielern auf der Bühne und den Zuschauerinnen und Zuschauern im Auditorium. Bei aller Präsenz, die die auf der Bühne exponierten Körper entfalten können, bleiben sie am Ende doch unberührbar und lassen sich auch in zeitlicher Hinsicht nicht festhalten. Von nicht wenigen Theaterwissenschaftler*innen wird deshalb, wie unten noch weiter ausgeführt werden soll, Präsenz im Theater als eine Erfahrung von Abwesenheit definiert: Gerade weil die Körper räumlich so nah erscheinen, merken wir umso deutlicher, dass wir nicht wirklich zu ihnen gelangen können. In einer anderen Hinsicht ergibt sich Unverfügbarkeit aber auch aus den Als-ob-

Handlungen der Schauspielerinnen und Schauspieler: Der Theaterrahmen betont die repräsentative Funktion von Körpern. Diese Körper stehen für etwas, das sie selbst nicht sind. Sie sind auch deshalb unverfügbar, weil sie auf ein Drittes verweisen, das im Hintergrund operiert, sei es ein Skript, ein voreinstudiertes Handlungsmuster oder eine geprobte dramatische Rolle. Die Körper wirken mit an der theatralen Illusion, und dieser Illusionscharakter schlägt unweigerlich auf die scheinbar unmittelbar erfahrbare Leibhaftigkeit zurück.

Leibhaftigkeit im Theater

Wenn auf einer Theaterbühne Schauspieler*innen bzw. Performer*innen in Erscheinung treten, eröffnen sich für das Publikum unterschiedliche Erfahrungsmöglichkeiten. In der Aufführungsanalyse werden diese Erfahrungen heuristisch auf zwei verschiedenen Ebenen angesiedelt, und für die Unterscheidung dieser Ebenen sind die Begriffe Leib und Körper von Bedeutung. Zum einen lässt sich danach fragen, was die körperlichen Gesten und Bewegungen der Schauspielerin *bedeuten*. Diese Fragerichtung kommt beispielsweise ins Spiel, wenn es im dramatischen Theater darum geht zu verstehen, wie die Schauspielerin eine bestimmte Figur verkörpert. Wenn Schauspielerin X Elisabeth spielt, dann bedeutet eine abwehrende Armbewegung von ihr vielleicht, dass sie Maria Stuart auf Distanz halten möchte oder dass sie ihren Hofstaat in die Schranken weist. Wenn Schauspieler Y den König Lear darstellt, dann ließe sich sein zielloses Schlurfen über die Bühne womöglich so auslegen, dass man hier den alten, verlassenen Mann durch die Heide irren sieht. Wenn wir Schauspielerinnen und Schauspieler auf diese Weise wahrnehmen, dann deuten wir ihre Körper bzw. ihre körperlichen Gesten und Bewegungen als Zeichen. Wir lesen den Körper als Zeichen für eine dramatische Figur.

Dieses Lesen und Deuten von Körpern als Zeichen für etwas – etwas, das zum Beispiel eine Figur sein kann – ist aber nicht die einzige Ebene der Erfahrung von Körpern, auf die es im Theater ankommt. Daneben ist der Körper für das Publikum zweifellos auch *in seiner Leiblichkeit* von Interesse. Von Körpern, die wir auf der Bühne sehen, geht eine bestimmte Ausstrahlung aus, sie haben eine Präsenz und ein Gewicht, einen Geruch und eine Wärme, ihre Bewegungen verfügen über einen eigenen Rhythmus oder einen Duktus – und bei weitem nicht alle diese Anmutungen des Körpers können in konkrete Bedeutungen übersetzt werden. In den neunziger Jahren entwickelte die Theaterwissenschaft ein besonderes Interesse für diese nicht lesbaren, nicht deutbaren, nicht zeichenhaften Qualitäten des Körpers auf der Bühne. Genau dies war der Moment, in dem der Leibbegriff in den theaterwissenschaftlichen Diskurs eintrat. Die Dualität der Begriffe Körper und Leib schien gut geeignet, um die beiden Ebenen der Erfahrung von Schauspielerinnen und Performern auseinanderzuhalten. Der Körperbegriff verweist auf ein physisches Objekt, das als Zeichen verwendet, gedeutet, gelesen und benutzt wird. Der Leibbegriff verweist dagegen auf ein physisches Subjekt, das lebendig ist, ausstrahlt und eigendynamisch wirkt.

Unterschiedliche philosophische Positionen wurden herangezogen, um einen solchen eigendynamischen und vitalen Leibbegriff auszubuchstabieren. Wieder neu gelesen wurde zum Beispiel die Leibphilosophie von Hermann Schmitz, die in den Geisteswissenschaften lange Zeit als etwas esoterisch abgetan worden war, jetzt aber gut geeignet schien, um die vorsprachliche, nicht zeichenhafte Dimension des leiblichen Spürens zu erfassen. Leibliches Spüren meint nach Schmitz eine Erfahrung, die sich nicht in einzelne Sinneskanäle aufspalten lässt, sondern alle Sinne involviert und als ein Sich-Befinden im eigenen Leib beschrieben werden kann. Schmitz ging davon aus, dass wir, indem wir den eigenen Leib spüren oder in unseren Leib hineinspüren, zugleich unsere Umgebung in all ihren Facetten erfahren können. Das leibliche Spüren wäre in diesem Sinne ein Sich-Befinden im eigenen Leib und in dessen Umgebung (Schmitz 2019). Ebenfalls in den neunziger Jahren wurde die Atmosphären-Theorie von Gernot Böhme in der Theaterwissenschaft rezipiert, die in zentralen Punkten direkt an Schmitz' Leibphilosophie anschließt. Böhme definierte Atmosphären als eine Erfahrung, die durch die leiblichen Ausstrahlungen und im leiblichen Spüren von Wahrnehmendem und Wahrgenommenem konstituiert wird:

> »Die Atmosphäre ist die gemeinsame Wirklichkeit des Wahr-nehmenden und des Wahrgenommenen. Sie ist die Wirklich-keit des Wahrgenommenen als Sphäre seiner Anwesenheit und die Wirklichkeit des Wahrnehmenden, insofern er, die Atmosphäre spürend, in bestimmter Weise leiblich anwesend ist. Diese synthetische Funktion der Atmosphäre ist zugleich die Legitimation der eigentümlichen Redeweisen, nach denen man etwa einen Abend melancholisch oder einen Gar-ten heiter nennt« (Böhme 1995, S. 34).

Mit Blick auf Theateraufführungen schien die Vorstellung plausi-bel, dass sich im Hier und Jetzt, im räumlichen und zeitlichen Bei-sammensein, eine gemeinsame Wirklichkeit entfaltet, die von den Wahrnehmenden leiblich gespürt werden kann. Mit Konzepten wie Präsenz, Energie, Atmosphäre, Rhythmus, Aura und Ausstrah-lung hoffte man, die ganze Fülle leiblicher Erfahrungen im Theater beschreiben zu können. Dass solche Beschreibungen geschrieben wurden und einleuchten konnten, hatte auch mit Tendenzen des zeitgenössischen Theaters zu tun, die sich seit den neunziger Jahren immer deutlicher abzeichneten. Es war von einer »performativen Wende« im Theater oder von der Entstehung eines »postdramati-schen Theaters« die Rede. Das konnte zum Beispiel bedeuten, dass man auf der Bühne keine fest umrissenen dramatischen Figuren mehr erkennen konnte. Herausragende Regiepositionen dieser Jahre, etwa die italienische Societas Raffaello Sanzio, der Schweizer Regisseur Christoph Marthaler oder Exponentinnen des Tanzthea-ters in der Tradition Pina Bauschs wie die Berliner Choreografin Sasha Waltz – sie alle gestalteten Körpererfahrungen und Atmo-sphären, die sich nicht mehr auf dramatische Handlungen oder auf fertige Geschichten herunterbrechen ließen. Umso wichtiger wurde es, eine Sensibilität, ein Verständnis und eine Begrifflichkeit für leibliche Erfahrungen zu entwickeln.

Das leibliche Spüren suggeriert eine Körpererfahrung größter Nähe und Verbundenheit oder Einbindung, eine Erfahrung der Fülle, in der andere Körper auf besondere Weise präsent und fühlbar werden. So werden Theatererfahrungen ja auch nicht selten beschrieben: als eine Erfahrung der Fülle, die uns vielleicht auch entschädigen kann für fehlende physische Nähe im Zeitalter digitaler Kommunikation. Wenn von der Präsenz einer Schauspielerin oder eines Schauspielers die Rede ist, verweist das scheinbar auf deren oder dessen Fähigkeit, die Zuschauerinnen und Zuschauer körperlich zu vereinnahmen: Gerade wenn die Darstellenden nahe an der Rampe stehen und man selbst weit vorne im Zuschauerraum sitzt, erscheinen die Körper manchmal übergroß, hell erleuchtet und zum Greifen nahe. Manche Theatergänger vermeiden die vorderen Publikumsreihen nicht nur deshalb, weil sie Angst haben, in interaktiven Aufführungen auf die Bühne geholt zu werden, sondern auch wegen der Sorge, sie könnten dem Atem, den Schreien oder gar der Spucke der Darstellenden zu unmittelbar ausgesetzt sein. Andere suchen solche physischen Erfahrungen vielleicht gerade bewusst auf, möchten sich ganz und gar affizieren lassen – und die Theater bedienen solche Vorstellungen von sinnlicher Nähe, Direktheit und Unmittelbarkeit häufig auch in ihrer Werbung.

Theorien zum Gegenwartstheater legen allerdings nahe, sich von solchen Werbebotschaften nicht vorbehaltlos beeindrucken zu lassen. Dies schon deshalb nicht, weil es im Theater ja doch meist bei einer Schauanordnung bleibt, die den Körper, indem sie ihn zur Betrachtung exponiert, zugleich auch vom Betrachter, der Betrachterin distanziert. Hier kommt der Gedanke der Unverfügbarkeit ins Spiel, der mir für eine Ethik der Leiberfahrung im Theater zentral zu sein scheint. Aus verschiedenen Gründen ist es im Theater in aller Regel schwer möglich, die wahrgenommenen Körper einfach in einem voyeuristischen Sinne zu konsumieren. Schon die

Öffentlichkeit der Gesamtsituation, auch des Zuschauerraums, erschwert eine solche heimliche, sich delektierende Perspektive. Selbst dort, wo die Körper der Darstellenden sehr stark, fast aufdringlich im Vordergrund stehen, dominiert bei den Zuschauenden womöglich eine Erfahrung des Entzugs, so dass man sagen könnte, dass die körperliche Präsenz hier eher als Absenz erfahren wird. Diese Ambivalenz von Präsenz und Absenz oder Präsenz als Absenz kennzeichnet das Körperbild in der bekannten Studie *Postdramatisches Theater* aus dem Jahr 1999 von dem Frankfurter Theaterwissenschaftler Hans-Thies Lehmann. In diesem Buch, das mit vielen konkreten Aufführungsbeschreibungen aufwartet, werden zwar fast auf jeder Seite intensive Körpererfahrungen beschrieben, es wird zugleich aber klargestellt, dass diese Erfahrungen mehr auf einen Bruch, eine Kluft, eben einen Entzug als auf eine Synthese oder Vereinigung hinauslaufen. An der einleitenden Passage aus dem Kapitel mit der Überschrift »Körper« lässt sich das etwas genauer nachvollziehen. Lehmann schreibt hier in der ihm eigenen, etwas apodiktischen Weise über das Wesen des Theaters:

»In keiner anderen Kunstform steht der menschliche Körper, seine verletzliche, gewalttätige, erotische oder ›heilige‹ Wirklichkeit so sehr im Zentrum wie im Theater. Noch im Striptease lebt etwas von der rituellen Nacktheit des ritus paganus nach, der die Mächte der Fruchtbarkeit beschwört, noch in der ödesten schauspielerischen Verstellung das Maskenspiel, das einmal Dämonen zähmen sollte. Mit einem körperlichen Akt fängt bekanntlich alles an. Theater begann, als einer sich aus dem Kollektiv löste, vor es hintrat und *etwas von sich hermachte*: der Angeber, der *booster*, der seinen Körper, den vielleicht besonders schönen und starken Körper vorzeigt und ausstellt, sich kostümiert, von (eigenen) Heldentaten erzählt. Oder der Mutige, der aus einem schützenden Kollektiv herauszutreten wagt, einen *anderen Raum* jenseits und im Angesicht der Gruppe betritt. Fremd und ›un-heimlich‹ bleibt dieser andere Bezirk, so daß die Bühne etwas vom Hades behält:

hier gehen Geister um. Der Körper des Theaters ist immer schon des Todes. Die Bühne ist eine andere Welt mit einer eigenen – oder keiner – ›Zeit‹, und es bleibt ein Moment unbewußter Angst damit verknüpft, zuschauend einen verbotenen [...] Blick ins Totenreich zu werfen« (Lehmann 1999, S. 361).

In dieser Passage propagiert Lehmann eine Ursprungstheorie von Theater, die man nicht unbedingt teilen muss; ich möchte aber Ihre Aufmerksamkeit darauf lenken, welche unterschiedlichen Facetten von Unverfügbarkeit des Körpers in diesen Sätzen deutlich werden. Obwohl ja auch hier einmal mehr von einer starken Intensität der Körpererfahrung die Rede zu sein scheint, zeigen sich in Lehmanns Theatermodell mindestens drei Dimensionen von Unverfügbarkeit:

1. *Eine Unverfügbarkeit des Rituellen.* Für Lehmann ist klar, dass dem Theater noch heute die rituellen Formen und Muster seiner antiken Vergangenheit eingeschrieben sind. Vom griechischen Theater nimmt man an, dass es sich aus Ritualen heraus entwickelt hat, in denen es um Selbstentblößung, Transgression und Fruchtbarkeit, aber zugleich auch um eine Beziehung zum Göttlichen ging. Heute sind es wohl einzelne Momente der Form und des Protokolls – die Zusammenkunft, der Auftritt, der Vorhang, die Verbeugung, das Beiseite- oder Nach-oben-Sprechen –, die noch an diese rituelle Vergangenheit erinnern. Ein direkter Zugang zu solchen rituellen Traditionen ist uns aber wohl nicht mehr gegeben, so dass die Körper, die nun auf der Bühne in solche Muster eingebunden werden, in gewisser Weise entrückt erscheinen. Es mag auch sein, dass eine Aura des Tabus und des Berührungsverbots mit einer solchen rituellen Einbindung, und sei sie auch noch so rudimentär, einhergeht.

2. *Eine Unverfügbarkeit in räumlicher Hinsicht.* Lehmann spricht davon, wie sich der oder die Einzelne aus dem Kollektiv löst, wenn eine Darstellerin oder ein Darsteller vor das Publikum tritt. Dieser Akt des Heraustretens und des Sich-Zeigens ist zu-

gleich immer auch ein Akt der Distanzierung. Wer von der Menge gesehen werden möchte, muss sich zwangsläufig von der Menge entfernen – sonst kann eine gesteigerte Sichtbarkeit sich schlicht nicht herstellen. Es wird also einmal mehr deutlich, dass der *booster*, der schöne und starke Körper, so sehr er sich auch aufdrängen mag, im Theater nur in ziemlich entrückter Weise zugänglich wird. Das hat zunächst noch nichts mit Illusionierung, mit einem dramatischen Als-ob oder einer fiktiven Bühnenfigur zu tun, sondern einzig und allein mit der Struktur der Schauanordnung, die den zu betrachtenden Körper dem Publikum gegenüberstellt.

3. *Eine Unverfügbarkeit in zeitlicher Hinsicht.* Dieser Punkt, der sich wie ein roter Faden durch Lehmanns Buch zieht, ist vielleicht besonders schwer zu greifen. »Der Körper des Theaters ist immer schon des Todes«, heißt es in der zitierten Passage. Ein späterer Abschnitt des Kapitels trägt den Titel »Verfallende Körper« (ebd., S. 396f.). Lehmann sieht den Aufführungsraum als einen Ort, an dem alle Teilnehmenden gemeinsam Lebenszeit verbrauchen und sich – zugespitzt gesagt – gegenseitig beim Sterben zuschauen. Leibliche Ko-Präsenz bedeutet für ihn nicht so sehr gemeinsame Anwesenheit, sondern gemeinsame Vergänglichkeit. In seinen Texten ist das leibliche Spüren vor allem ein Spüren des Vergehens der Zeit und der körperlichen Endlichkeit oder Hinfälligkeit. Dieses radikal temporale Verständnis von Leibhaftigkeit prägt für Lehmann auch die Wahrnehmung des Schauspielers oder der Darstellerin. Die Körper auf der Bühne lassen sich ja auch in zeitlicher Hinsicht nicht festhalten. Wenn wir sie sehen, wissen wir immer schon, dass sie bald wieder verschwunden sein werden. Das können wir auch von Körpern im Alltag sagen, aber auf der Bühne wird die Knappheit und Abgemessenheit der Zeit, die für alle menschlichen Körper gilt, wohl doch auf besondere Weise wahrnehmbar.

Alle diese Unverfügbarkeiten sind etwas, was im Theater vielleicht nicht nur erfahren, sondern auch eingeübt werden kann. Es kann sich, so könnte man wenigstens hoffen, im Theater wohl auch eine Haltung zu dieser ja in keiner Weise einfachen Entzogenheit des Körpers herausbilden, die im Alltag weiterhelfen mag. Vor bestimmten Arten des einfachen Zugriffs, der schnellen Objektivierung oder gar des Konsums, scheinen die Körper im Theater jedenfalls geschützt, vor anderen jedoch nicht – und vor zu viel Verallgemeinerung im Sprechen über das Theater, jenseits der je unterschiedlichen Aufführungen, sollte man sich überhaupt hüten.

Die Passage, die wir aus dem Buch *Postdramatisches Theater* zitiert haben, scheint noch auf recht klassische Bühnensituationen beziehbar, in denen es eine klare Trennung von Bühne und Zuschauerraum gibt. Was passiert aber mit den Körpern und mit der Leiberfahrung, wenn diese Trennung aufgehoben wird, wie es ja nicht nur im zeitgenössischen Performancetheater, im immersiven oder interaktiven Theater, sondern auch in alltäglichen Darstellungssituationen der Fall ist? Wenn wir uns gegenseitig etwas vorspielen, aber dabei nicht durch eine Rampe voneinander getrennt sind, ist dann nicht doch eine viel größere Zugänglichkeit des Anderen und eben auch des anderen Körpers gegeben? Dies lässt sich vielleicht an sogenannten immersiven Theaterformen, die in den letzten Jahren besonders beliebt geworden sind, exemplarisch diskutieren.

Illusionscharakter des Theaters

Im immersiven Theater tritt der oder die Zuschauende dem Bühnengeschehen nicht gegenüber, sondern befindet sich gleichsam selbst auf der Bühne oder wird ganz eingehüllt in eine fiktionale Welt. Die dänische Gruppe SIGNA um Signa Sørensen, Artur Köstler und Thomas Bo Nilsson bedient sich dieser Form mit großem Erfolg seit 2001:[1] SIGNA steht für lang andauernde, illusionistisch ausgestattete Performances, die das Publikum über viele Stunden oder sogar Tage hinweg mit einer perfekt gebauten Fiktion umgeben. Viele dieser aufwändig konstruierten Fiktionswelten verfolgen eine diffus historisierende Grundgeste – sie führen die Teilnehmenden zurück in gewaltsame, kriegerische, autoritär organisierte Umgebungen des 20. Jahrhunderts. Dieser Retro-Stil ist jedoch keineswegs dokumentarisch bzw. realistisch angelegt. Es geht nicht darum, historische Konstellationen wiederzuerkennen, sondern sich affizieren zu lassen von detailliert ausgemalten Räumen, Atmosphären und Landschaften, die zum Fürchten sind oder zumindest starke Gefühle hervorrufen können. Einen entscheidenden Beitrag zu dieser Affizierung leisten wechselnde Handlungsanweisungen, mit denen das Publikum über die gesamte Aufführung hinweg konfrontiert wird.

SIGNA hat inzwischen an die dreißig Produktionen realisiert. Den Durchbruch in Deutschland brachten zwei Inszenierungen aus dem Jahr 2007: *Die Erscheinungen der Martha Rubin,* aufgeführt an drei Wochenenden im Oktober in einer Halle in Köln-Kalk, und *The Dorine Chaikin Institute* an vierzehn aufeinanderfolgenden Tagen jeweils für zwölf Stunden im November im Theater Ballhaus Ost in Berlin. Die räumlichen Arrangements beider Produktionen schienen vage auf die 1920er- oder 30er-Jahre zu verweisen. Die Teilnehmenden mussten sich auf düster-beklemmende Szenerien einlassen und dabei ihre je eigenen Identitäten einbringen: Sie wurden individuell kostümiert, mit einem Rufnamen versehen, um sich dann verschiedenen Anweisungen und Behandlungen zu unterwerfen. Einen treffenden Eindruck vom Geschehen im *Dorine Chaikin Institute* und den damit verbundenen Erfahrungspotenzialen vermittelt folgende Rezension von Dirk Pilz, die auf nachtkritik.de erschienen ist:

»Berlin, 17. November 2007. Sie nennen mich William Brink. ›Schön, dass Sie hier sind, William.‹ Hier, das ist das ›Dorine Chaikin Institute‹. Der erste Eindruck: eine schäbig wirkende Krankenstation, die geschlossene Abteilung einer Irrenanstalt. Ein Dutzend Betten, Tische, Schränke, allerlei Gerätschaften. Eine Krankenschwester kommt, es gibt Kaffee und Kekse. ›Sie müssen keine Angst haben.‹ Ich erhalte ein Papier, das die ›Pflichten‹ verzeichnet. ›Es ist Ihre Pflicht, mit den Ärzten, Krankenschwestern und anderen Mitarbeitern zu kooperieren und den Anweisungen zu folgen, die Ihnen gegeben werden.‹ Kein Alkohol, keine Drogen, keine Medikamente. Bei Zuwiderhandlung werden die ›Sicherheitskräfte‹ benachrichtigt. [...] Die Sicherheitskraft ist ein streng gescheitelter Bursche, der die Schallplatte *The World of Montovani* auflegt. Der Rest: weiße, irrlichternde Gestalten. Schwestern, Ärzte, Patienten. Manche starren mich an, andere lächeln entrückt. Lu-Ann Rosenberg stellt sich mir vor, meine persönliche Krankenschwester. Lu-Ann sagt, sie sei immer für mich da, egal was passiert. ›Merken Sie sich meinen Namen!‹ Ich muss ihn wiederholen: Lu-Ann Rosenberg. ›Alles gut?‹ Alles gut bislang. Die erste Visite findet bei Chefärztin Dorine Chaikin statt. Sie raucht und forscht in meinen Augen: ›Sie machen keine Fortschritte, William.‹ Amnesie sei eine schwierige Krankheit, zudem noch die Sache mit der Persönlichkeitsspaltung. Wie ich geschlafen habe, will sie wissen. ›Und wo sind Ihre Zigaretten?‹ Sie verstaut sie in der Schublade. ›Wir kümmern uns um Sie.‹ Lu-Ann nimmt mich am Arm, zeigt mir mein Bett und gibt mir die Krankenkleidung. Löchrige, schlabberige Sachen. ›Warum waren Sie gestern in Frauenunterwäsche in Ihrem Geschäft?‹ Ich protestiere vorsichtig: ich habe kein Geschäft, ich gehe nicht in Frauensachen umher. Lu-Ann lächelt. ›Ich bin immer da.‹ (Pilz 2007)

Dem Zuschauer/Rezensenten Dirk Pilz wird von den Akteur*innen, mit denen er im *Dorine Chaikin Institute* konfrontiert ist, eine fiktive Identität (»William Brink«) zugewiesen, an die, wie sich ihm nach und nach zeigt, eine erfundene Biografie, ein konstruiertes Krankheitsbild und dazu eine Art Therapiekonzept mit entsprechenden Verpflichtungen geknüpft zu sein scheinen. All diese Identitätszumutungen, die ihm in verschiedenen Gesprächssituationen begegnen, könnte er zweifellos zurückweisen – aber es wird schnell deutlich, dass das die zu improvisierenden Konversationen eher weiter verkomplizieren würde. Das klinische Setting bringt in seiner spezifischen, autoritär eingefärbten Theatralität immer wieder rigide Handlungsanweisungen und affektiv aufgeladene Begegnungen mit sich:

»Eine Frau springt zu mir aufs Bett und flüstert: ›Pass auf, die Ärzte sind wie Steine. Sie entwickeln sich nicht.‹ Ich soll ihr einen Namen und eine dazugehörige Farbe geben; ich nenne sie die hellgrüne Paula. ›Du sagst schöne Sachen.‹ Wir sind jetzt Komplizen. In welchem Spiel? Ich sehe an die Decke und erschrecke. So schnell geht es und ich gehöre einfach dazu? Zu den Kranken, Verrückten und Verführten? [...] ›Objekt-Assoziation!‹ ruft die Ärztin. Wir Patienten müssen uns um einen Tisch hocken, und Frau Doktor beobachtet, welche Gegenstände wir nehmen. Ein Spielzeugauto, einen Plüschaffen. Sie lobt und fragt nach. Wir dürfen rauchen und Kaffee bestellen. Nett hier, fast kuschelig. Lu-Ann bringt mich zur Toilette, schimpft, weil ich heimlich mein privates T-Shirt anbehalten habe. ›Das muss doch nicht sein, oder?‹ Auf der Toilette überlege ich kurz, einfach zu gehen. Niemand würde mich hindern« (Pilz 2007).

Die Schilderungen von Dirk Pilz lassen erkennen, welche Herausforderungen die Teilnehmenden in der Aufführung zu bestehen haben. Aus den dargestellten Szenen und den diversen direkten Ansprachen, die sich an die Besucher*innen richten, ergeben sich uneindeutige Kommunikationssituationen und immer wieder Fragen, die man für sich selbst nicht leicht beantworten kann: Was ist von der komplizenhaften Beziehung mit der anderen »Patientin« zu halten? Kommt darin eine ernst zu nehmende Zuwendung zum Ausdruck? Was würde es bedeuten, den Anweisungen der »Ärztin« und der »Krankenschwester« Folge zu leisten? Wäre das dann theatrales oder soziales Rollenhandeln oder beides? Wäre es umgekehrt mehr als bloße Spielverderberei, das Mitspielen zu verweigern? Solche Ungewissheiten entstehen, wenn die Grenze zwischen Bühne und Zuschauerraum nicht klar gezogen ist. Die Menschen, mit denen man den Aufführungsraum teilt, sind subjektiv nicht eindeutig in Bühnenakteure und Publikum zu unterteilen. Weder kann man jederzeit genau einschätzen, ob es sich beim jeweiligen Gegenüber um einen Performer oder eine Zuschauerin handelt, noch lässt sich sicher wissen, wie ernst bestimmte Sprechakte der Mitspielenden gemeint sind: Ist es ein auswendig gelernter Text oder eine aus dem Moment heraus entwickelte Improvisation? Zu der wachsenden Desorientierung im Laufe der Aufführung trägt auch bei, dass das eigene Zeitgefühl auf eine harte Probe gestellt wird. Die Aufführungsdauer übersteigt bald jedes gewohnte Maß – längst ist es Nacht geworden, aber dann wird es auch wieder Tag, ein neuer Morgen kommt, und die Geschichte ist noch nicht vorbei. Nicht immer passiert gleichermaßen viel; man muss oft warten und mit anderen herumsitzen (oder -liegen), hat Zeit für nichtiges Herumlungern, belanglose Aktivitäten oder gar ein Nickerchen: Die vertrauten Spannungskurven eines Theaterabends scheinen außer Kraft gesetzt.

Zwangsläufig ist man in solchen Spielsituationen viel mit sich selbst beschäftigt, sucht nach geeigneten Reaktionen oder macht sich einen Reim auf eigene plötzliche Gefühlswallungen. Zugleich ist man in mehr oder minder engem Kontakt mit den Mitspielenden, so dass sich durchaus eine Art Gruppengefühl einstellt. Tatsächlich stehen im Mittelpunkt der dargestellten Handlung auffallend häufig Gemeinschaften: Dorfgemeinschaften, Patientengruppen, traditionelle und marginalisierte Gemeinschaften. Es sind Vexierbilder aus Vergangenheit und Gegenwart, echten Darsteller*innen und fiktiven Figuren, tatsächlichen Ängsten und gespielten Emotionen. Alle Gemeinschaften weisen unübersehbare autoritäre Grundzüge auf. Theresa Schütz (2022) hat immersives Theater dieser Art in ihrer theaterwissenschaftlichen Studie mit Blick auf die betont offensive Publikumsinvolvierung als ein »Theater der Vereinnahmung« bezeichnet. Es stellt sich die Frage, warum die einzelnen Teilnehmenden eine solche Vereinnahmung bewusst aufsuchen und zum Teil – es gibt passionierte SIGNA-Fans – immer wieder erleben möchten. Der autoritäre Grundzug des Gebotenen scheint eine Intensivierung der erlebbaren Gefühle zu versprechen. Zugleich unterliegen die Interaktionen auch dann, wenn sie als Zumutung daherkommen oder gar Gewalterfahrungen implizieren, einem klar exponierten Vertragscharakter, der an sadomasochistische Sexualpraktiken erinnert: Gemeinschaft wird durch eine bewusste Delegation der eigenen Handlungsmacht (agency) erlangt. Als Ganzes basiert das interaktive Szenario auf Freiwilligkeit und kann selbstverständlich jederzeit verlassen werden – womit man sich dann allerdings vom weiteren Genuss der sich erst allmählich erschließenden Erlebniswelt definitiv abschneidet.

Reduziert auf seinen Kern ließe sich das Theatererlebnis bei SIGNA als eine illusionäre Art der Begegnung charakterisieren: Die Interaktionspartner*innen, die einen ansprechen oder zu denen man selbst Kontakt aufnimmt, wenden sich einem zwar zu, schauen aber letztlich an einem vorbei. Dieses Unverhältnis, das Interaktionen zwischen Schauspielenden und Zuschauenden im Theater generell kennzeichnet, tritt bei SIGNA besonders deutlich hervor: Jemand tritt an mich heran und richtet an mich eine Frage wie zum Beispiel: »Erinnern Sie sich an Ihre erste Liebe?« Wenn ich nun diese Frage auf mich beziehe und eine ehrliche Antwort versuche, spüre ich in der Reaktion des Fragenden eine eigenartige Ambivalenz. Die andere Person scheint mir ihre Aufmerksamkeit nur unter Vorbehalt zuzuwenden – sie schaut an mir vorbei oder durch mich hindurch, hört offenbar gar nicht richtig zu oder denkt über etwas nach, was nicht mit meiner Antwort zu tun hat. Tatsächlich handelt es sich bei dieser anderen Person um eine Theaterfigur, die von einem Schauspieler gespielt wird, der womöglich gerade an seinen auswendig gelernten Text denkt. In der Interaktion kommt insofern ein Skript ins Spiel, das den sich entwickelnden Dialog steuert und mit einer illusionären Note versieht. Wie eine unsichtbare Barriere schiebt sich dieses Skript zwischen die Interaktionspartner*innen und sorgt dafür, dass Fragen und Antworten nicht direkt aufeinander bezogen sind, dass die wechselseitigen Blicke einander auf merkwürdige Weise verfehlen. Solchen illusionären Konstellationen kann man auch im Alltag begegnen – wahrscheinlich kennzeichnen sie die menschliche Kommunikation sogar ganz allgemein. In immersiven Theaterformen wird diese Indirektheit, das Unverhältnis des zwischenmenschlichen Austauschs jedoch besonders greifbar.

Vielleicht erklärt sich die rätselhafte Attraktivität von Inszenierungen wie *Die Erscheinungen der Martha Rubin* oder *The Dorine Chaikin Institute* gerade daraus, dass das Sich-Verfehlen in der Kommunikation, der Illusionscharakter des Kontakts zum anderen bzw. zur anderen, der im Alltag frustrierend wirken kann, hier spielerisch erlebbar wird und bisweilen einen geradezu festlichen Charakter annimmt. Die Teilnehmenden finden darüber zueinander und zu einer Art Gemeinschaftserlebnis, wobei sie den Illusionscharakter von zwischenmenschlichem, auch leiblichem Kontakt im Spiel oder als Spiel anerkennen. Die schönen, nostalgischen Gemeinschaftswelten mitsamt den Abenteuern, die in ihnen zu erleben sind, dürfen nicht als »wirklich« gelten und bleiben ganz und gar temporär, doch gerade aufgrund dieses gesteigerten Illusionscharakters gewinnen die in ihnen ermöglichten Leiberfahrungen besondere Intensität. So zeigt sich im immersiven Theater à la SIGNA, dass Illusion und Leiberfahrung einander nicht im Wege stehen, sondern sich gegenseitig steigern können.[2]

Darin liegt jenseits des zeitgenössischen Trends zur theatralen Immersion ein Wirkungsprinzip auch vieler weiterer Theater- und Kunstformen.[3] Das leibliche Spüren bezieht sich auf Körper, die inszeniert sind, die einem Skript folgen oder sogar eine fiktive Figur darstellen. Es stellt sich die Frage, ob sich die Leiberfahrung durch diesen Als-ob-Charakter des anderen Körpers ändert, inwieweit sie vielleicht beeinträchtigt wird oder zumindest eine artifizielle, künstliche und wiederum distanzierte Note erhält. Letztlich dürfte es aber gar nicht einfach sein, den Illusionscharakter der Körper im Theater von einem ebenfalls, wenn auch in anderer Weise notorischen Illusionscharakter der Körper im Alltag zu unterscheiden. Auch die alltäglichen Körper verbinden wir ja mit Assoziationen, Projektionen und Fiktionen verschiedenster Art. Diese Projektionen, mit denen in diversen tiefenpsychologischen Therapieformen bewusst gearbeitet wird, prägen die alltägliche Kommunikation und womöglich auch das leibliche Spüren. Leiberfahrungen sind, so scheint es das immersive Theater nahezulegen, nicht unabhängig zu haben von Gesten, Zeichen und Bedeutungen, die aus der alltäglichen Kommunikation ohnehin nicht wegzudenken sind.

Resümee: Bleibende Unverfügbarkeit

An dieser Stelle tut sich eine Veränderung gegenüber den Leibdiskursen früherer Jahre auf. Identitäts- und repräsentationspolitische Debatten sind heute am Theater mehr denn je zu führen. In diesen Debatten erscheint Leibhaftigkeit, Leiblichkeit und leibliches Spüren wieder in einem anderen und kritischeren Licht. Einen sehr nachhaltigen Eindruck hinterließ in der deutschen Theaterlandschaft die vor knapp zehn Jahren aufgekommene *Blackfacing*-Debatte, die sich daran entzündete, dass weiße Schauspieler auf der Bühne Figuren in schwarzer Schminke darstellten und damit gewollt oder ungewollt an die Traditionen der rassistischen Minstrel-Shows anknüpften, die in den USA, aber eben nicht nur dort, eine lange und höchst problematische Geschichte haben. *Blackfacing* als Darstellungsform kam auf deutschen Bühnen auch in früheren Jahrzehnten gelegentlich vor, aber die daraus erwachsende Debatte nahm schnell allgemeinere und grundsätzlichere Züge an (Sieg 2015; Kalu 2014). Sie drehte sich um die Frage, welche Körper auf der Bühne sichtbar werden und welche unsichtbar bleiben, welche Exklusionen und Diskriminierungen mit der theatralen Darstellungspraxis hierzulande verbunden sind.

Diese Diskussion hat zweifellos mit Repräsentationsfragen zu tun: Wofür stehen bestimmte Körper und körperliche Eigenschaften auf der Bühne, wen stellen sie dar, wen lassen sie aus, wie werden die Körper in der Wahrnehmung besetzt, mit Bedeutungen befrachtet – und dabei womöglich auch mit diskriminierenden Wertungen versehen? Solche Fragen lassen sich nicht beantworten, wenn man ausschließlich von Leiblichkeit und leiblichem Spüren spricht. Oder anders gesagt: Im leiblichen Spüren ist es offenkundig nicht unwichtig, ob Körper *schwarz* oder *weiß*, *weiblich* oder *männlich*, *abled* oder *disabled*, *queer* oder *heteronormativ* daherkommen, welche Gender-Konzepte und Klassenzugehörigkeiten sie verkörpern – und überhaupt: welche Normen sie bestätigen oder konterkarieren. Die Leibphilosophie hatte sich für solche im weitesten Sinne politischen Fragen im Allgemeinen wenig interessiert.

In aktuellen Theaterdebatten wäre es problematisch und würde es als ignorant empfunden, wenn man repräsentationspolitische Fragen von Leiberfahrungen abkoppeln wollte. Von daher unterstreicht die gegenwärtige Diskussion, wie wichtig es ist, Körper und Leib in der Theatererfahrung zusammenzudenken. Die Ebenentrennung, die ich anfangs eingeführt hatte – das Lesen und Deuten des Körpers auf der einen Ebene, das Spüren und Empfinden des Leibes auf der anderen Ebene –, lässt sich vor diesem Hintergrund in ihrer scheinbar klaren Dualität wohl nicht aufrechterhalten. Das Komplizierte und Herausfordernde an der Leiberfahrung und an der Leibhaftigkeit liegt gerade darin, dass solche elementaren und tiefliegenden Erfahrungen nicht abzulösen sind von politischen Besetzungen und Wertungen. Die Körper, die erfahren werden, sei es auf der Bühne oder im Alltag, sind eben nicht neutral, und auch der eigene Körper ist es nicht. All diese Körper, die wir selbst sind und die uns umgeben, zeugen von historischen, politischen, sozialen und kulturellen Prägungen. Sie sind nicht nur räumlich und zeitlich, sondern auch gesellschaftlich positioniert. Wenn wir vom Leib sprechen, müssen wir das mitbedenken, um auch verstehen zu können, warum Leiberfahrungen oftmals nicht wohltuend, bereichernd oder heilsam sind, sondern in Konflikte und Verletzungen münden.

Wichtig ist dabei auch die Frage, wie leibliches Spüren und Körpererfahrungen mit Subjektivität und Agency, also mit Machtfragen, zusammengedacht werden können. Für bestimmte Spielarten der Leibphilosophie war es noch in den neunziger Jahren kein Problem, Leiblichkeit zu thematisieren, ohne von konkreten Subjektpositionen zu sprechen. Es gab auch einen scheinbar neutralen Körperjargon, der die Verknüpfung von Körpern mit Subjekten oder gar Identitäten ausblendete. Ein solches unmarkiertes Sprechen von Leib und Körper ist heute, jedenfalls im Theaterdiskurs, nicht mehr ohne Weiteres möglich. Es besteht eine politische Dringlichkeit, die konkreten Machtverhältnisse, die auf Körper auf der Bühne und hinter der Bühne einwirken, zur Sprache zu bringen, was unter Ausblendung von Subjektpositionen kaum möglich scheint. Die einfache Rede vom Körper oder vom Leib klingt unter solchen Voraussetzungen bedenklich. Ob man von Körper oder Schauspielerin bzw. Akteur spricht, hängt zweifellos von Analyseperspektiven ab, aber bemerkenswert ist doch ein Unbehagen, das aufkommt, wenn man dort, wo es gewissermaßen eine *agency* zu beschreiben gilt, nicht von einem Menschen oder einer Akteurin spricht, sondern von einem Körper. Bei diesem Unbehagen dürfte es eine Rolle spielen, dass die oder der Beschreibende selbst nicht gerne auf einen Körper oder gar ein Material reduziert werden möchte. Auch Regiepositionen, die einen radikal körperorientierten Zugang zum Schauspiel wählen, müssen mit solchen Einwänden rechnen und dürften mit Fragen nach der Subjektivität und Identität der Darstellenden konfrontiert werden.[4]

Das sogenannte leibliche Spüren ist eine Erfahrungsdimension, die sich für jede Aufführungserfahrung beschreiben lässt. Dieser Wahrnehmungsmodus, ein Sich-Befinden in der Umgebung der Aufführung, grundiert oder ergänzt andere, weitere Dimensionen der Aufführungserfahrung, wie etwa das Deuten von Gesten oder das Verstehen von Zeichen. Das leibliche Spüren erscheint auch als ein wichtiger Zugang zur Präsenz, Energie und Ausstrahlungskraft von Körpern, sollte aber nicht künstlich aus dem Zusammenspiel der verschiedenen kognitiven und affektiven Wahrnehmungsformen herausgelöst werden. Auch wenn für bestimmte Theaterformen auch der jüngeren Zeit besonders intensive Körperdarstellungen und Körpererfahrungen beschrieben worden sind, lässt sich zeigen, dass die Körper im Theater einer besonderen Unverfügbarkeit unterliegen, dass sie dem oder der Wahrnehmenden quasi entzogen bleiben. Diese Unverfügbarkeit kann mit dem Als-ob-Charakter theatraler Körperdarstellung erklärt werden, aber auf einer elementareren Ebene schon mit den räumlichen und zeitlichen Konstellationen der Aufführung. Die Körper, die wir auf der Bühne sehen, sind uns räumlich durch die Rampe entrückt, und sie erscheinen uns in zeitlicher Hinsicht vom Verschwinden bedroht.

Ein Illusionscharakter der Körper scheint im Theater nahezu unhintergehbar. Die Körper sind so inszeniert, dass sie zu besonderen Assoziationen und Projektionen einladen. Sie stehen für etwas, das sie selbst nicht sind – und das leibliche Spüren, so sehr es sich auch auf elementare Erscheinungsweisen des Körpers beziehen mag, kann solche am Ende doch zeichenhaften Momente der Körperwahrnehmung kaum ganz ausblenden. Im Theater entsteht eine illusionäre Beziehung insbesondere auch dann, wenn die Zuschauenden als Teilnehmende einbezogen und adressiert werden. Die Rede von Leib und Körper kann nur schwer davon abgelöst werden, wen die betreffenden Körper repräsentieren und wer ohne Repräsentation bleibt. Im Sprechen und Schreiben über Theater ist das Bemühen erkennbar, nicht länger auszublenden, an welche Subjektpositionen und Identitätskonzepte die Körper gebunden sind, die auf der Bühne sichtbar werden und sich zeigen. Solche Bindungen konsequent zu berücksichtigen, kann es erforderlich machen, auch über das Verhältnis von Leib und Körper und über die Idee des leiblichen Spürens neu nachzudenken.

Anmerkungen

1 Informationen und Materialien zu den zurückliegenden Arbeiten von SIGNA finden sich auf der Homepage www.signa.dk [Zugriff: 8.6.2022].
2 Vgl. als kritische Sicht auf immersive Theaterformen: Schütz (2022).
3 Illusionserfahrungen im Gegenwartstheater werden luzide analysiert bei Koch (2016), S. 228–247.
4 Die schauspielpolitische Debatte wird analysiert bei Voss (2017), S. 118–132.

Literatur

Andriopoulos, S. (2000): Besessene Körper. Hypnose, Körperschaften und die Erfindung des Kinos. Fink, München.

Böhme, G. (1995): Atmosphäre. Essays zu einer neuen Ästhetik. Suhrkamp, Frankfurt am Main.

Kalu, J. K. (2014): Dein Blackface ist so langweilig! Was das deutsche Repräsentationstheater von den Nachbarkünsten lernen kann. nachtkritik.de. https://www.nachtkritik.de/index.php?option=com_content&view=article&id=10271:in-sachen-blackfacing-zwischenruf-zu-einer-andauernden-debatte&catid=101:debatte&Itemid=84 [Zugriff: 11.6.2022].

Koch, G. (2016): Die Wiederkehr der Illusion. Der Film und die Kunst der Gegenwart. Suhrkamp, Frankfurt am Main.

Lehmann, H.-T. (1999): Postdramatisches Theater. Verlag der Autoren, Frankfurt am Main.

Pilz, D. (2007): Wer ist William Brink? The Dorine Chaikin Institute – Signa macht die Zuschauer zum Patienten und therapiert sie. In: nachtkritik.de 2007. https://www.nachtkritik.de/index.php?option=com_content&view=article&id=674:the-dorine-chaikin-institute-signa-macht-die-zuschauer-zum-patienten-und-therapiert-sie&catid=196&Itemid=40 [Zugriff: 11.6.2022].

Schmitz, H. (2019): System der Philosophie. Band II,1: Der Leib. Karl Alber, Freiburg im Breisgau / München: Die Erstausgabe erschien 1965 im Bouvier Verlag, Bonn.

Schütz, T. (2022): Theater der Vereinnahmung. Publikumsinvolvierung im immersiven Theater. Theater der Zeit, Berlin.

Sieg, K. (2015): Race, guilt and innocence: Facing Blackfacing in contemporary German theater. In: German Studies Review, 38.1, S. 117–134.

Voss, H. (2017): Schauspieler/innen zwischen Institution und Profession. Zur Relevanz ethnischer Kategorisierungen im deutschen Sprechtheater am Beispiel des Künstlervermittlungswesens. In: F. Kreuder / E. Koban / H. Voss (Hg.): Re/produktionsmaschine Kunst. Kategorisierungen des Körpers in den Darstellenden Künsten. transcript, Bielefeld, S. 118–132.

Warstat, M. (2012): Krise und Heilung. Wirkungsästhetiken des Theaters. Fink, Paderborn.

Elisabeth Raether

Anleitung zum Genuss – erst recht in schwierigen Zeiten

Ich möchte zu Beginn meines Vortrags anmerken, dass ich, wie Sie auch gleich selbst feststellen werden, keine gute Rednerin bin. Ich habe nicht die Stimme dazu, spreche viel zu leise, zu schnell, neige schon seit meiner Kindheit zu Schüchternheit, was ich bis heute nicht überwunden habe.

Ich bewundere Menschen, die reden können, die gut auftreten können, so wie ich Stabhochspringerinnen oder Fallschirmspringer bewundere, die etwas ganz Tolles können, das aber sehr weit weg von mir ist.

Jetzt fragen Sie sich sicher: »Warum ist sie Journalistin geworden, wenn sie nicht gern im Mittelpunkt steht?« Ja, sehr gute Frage. Aber was ich tue, ist schreiben, und das ist etwas vollkommen anderes – als reden, als auftreten. Nicht dass man beim Schreiben unbedingt mehr Kontrolle hätte. Ich glaube, man gibt auch beim Schreiben immer mehr preis, als man will. Aber mir eröffnet das Schreiben einen Freiraum, den ich sonst nicht empfinde. Ich bin beim Schreiben nämlich befreit vom Wunsch, gefallen zu wollen. Ich habe die Reaktionen nicht im Blick beim Schreiben, ich versenke mich hinein, in einen Tunnel der Konzentration, dann werfe ich den Text in die Umlaufbahn und gucke, was passiert. Manchmal fliegt der Text, breitet sozusagen die Flügel aus und fliegt von allein, manchmal nicht, aber das ist dann auch nicht so schlimm, weil ich ja schon losgeworden bin, was ich sagen wollte.

Beim Reden und bei Auftritten achte ich viel mehr darauf, was erwünscht ist, auf die Erwartungen und Reaktionen, Schweigen, Lachen, gelangweilte Blicke: Schläft jemand ein, steht jemand auf und geht?

Dies also, damit Sie wissen, worauf Sie sich einlassen. Und weil das Thema dieser Tagung Leibhaftigkeit ist, wollte ich einmal kurz zumindest erwähnen, dass Leibhaftigkeit für mich auch etwas Hemmendes sein kann. Und das obwohl ich über das Kochen schreibe, etwas sehr Leibhaftiges also, über Schmecken, Riechen, Appetit, ja, Gier – alles sehr physische, fast schon intime Dinge. Bei einer schon etwas älteren Food-Autorin, die in Großbritannien arbeitet, habe ich mal gelesen: Früher galt das Schreiben über Essen als so intim wie über Sex zu schreiben. Ganz so ist es heute nicht mehr.

Aber gerade in einer so intellektuellen, verkopften Zeitung wie der ZEIT, wo man sich die Welt durch Nachdenken, Reportieren und Argumentieren erschließt und natürlich nicht durchs Schmecken und Riechen, da sind die Themen Essen und Trinken, Genuss, Kochen natürlich etwas marginalisiert, sie werden jedenfalls nicht am großen Konferenztisch behandelt. Richtige Journalistinnen und Journalisten schreiben nicht übers Essen – ich würde sagen, das gilt auch heute noch.

Ich schreibe für die ZEIT aber nicht nur über Essen, sondern bin sozusagen auch noch eine richtige Journalistin: Ich schreibe über Politik, über Flüchtlinge, über Frauenmorde, über Marine Le Pen, über Klimapolitik – das volle Programm also. Ich setze mich also voll und ganz den Nachrichten aus, mit denen wir leben müssen, sauge sie auf, versuche möglichst viel mitzubekommen, seien es die teils sinnlosen Debatten darüber, wer wieder mal was Falsches gesagt hat, was allein schon unendliche Langmut verlangt, seien es aber auch die echten Nachrichten, die es zu verarbeiten gilt:

Die schwindenden Gletscher in den Alpen.

Der sich verlagernde Jetstream.

Ein Bericht der UNO gerade von vergangener Woche stellte fest: Wenn die Nationen umsetzten, was sie sich vorgenommen haben, würde man nur 7,5 Prozent CO_2-Emissionen sparen statt 55 Prozent, die notwendig wären, um die Erderwärmung auf 1,5 Grad zu beschränken. Vielmehr steuern wir auf 2,7 Grad Ende des Jahrhunderts zu.

Aber nicht nur das natürlich. Die hohen Coronainfektionszahlen, die extrem ungleiche Verteilung von Impfstoffen weltweit … Und ich habe noch nicht gesprochen von dem ungelösten Problem der Migration nach Europa, von Moria, vom Wegkippen in die Diktatur und Chaos unserer Nachbarn in Süd und Ost und von der Verzweiflung der Jugend in den arabischen Ländern.

Aber besonders die verheerenden Nachrichten zum Zustand des Klimas und zu den Zuständen in deutschen Ställen, in den Meeren setzen einem zu, denn das hat so direkt mit dem zu tun, was vor mir auf dem Teller liegt. All das also lasse ich auf mich wirken, bevor ich mich daranmache, ein, sagen wir, Olivenpesto zuzubereiten, einen Apfelkuchen zu backen oder gar ein Hühnchen in den Ofen zu schieben. Wie ist das möglich? Ich werde oft gefragt: Wie geht das alles unter einen Hut? Fühlst du dich manchmal nicht ernst genommen, weil du in einer richtigen Zeitung über Essen schreibst?

Ich finde aber eigentlich das Schwierigste an meinem Beruf nicht den tatsächlich immensen Zeitaufwand, nicht die Minderwertigkeitskomplexe, am unteren Ende der journalistischen Nahrungskette zu stehen, sondern offen zu bleiben, optimistisch zu bleiben, nicht zu verzweifeln. Darüber will ich heute sprechen. Wie ist es möglich zu genießen, ohne sich komplett vom Weltgeschehen zurückzuziehen? Ohne das Leid der anderen auszublenden, derer auf der anderen Seite der Welt und auch derer, die nach uns kommen werden? Wie kann man genießen ohne schlechtes Gewissen, aber mit offenem Blick?

Ich möchte dafür nochmals an den Anfang zurückgehen, als ich begann, meine Kolumne zu schreiben – ich werde also ein bisschen ausholen.

Radieschen mit Butter. Das war das erste Rezept, das ich im Zeitmagazin veröffentlicht habe. Im Jahr 2011 war das, um Ostern herum. Ich war dafür eigens in ein Restaurant nach Berlin-Kreuzberg gefahren und hatte mir dort vom Küchenchef, einem bärtigen New Yorker mit Tattoos, zeigen lassen, wie man Radieschen in Butter dippt, dann mit Salz bestreut und sie aufisst. Ein Fotograf war auch angereist.

Nach der Veröffentlichung rief Wolfram Siebeck mich an. Was das für ein Schwachsinn sei. Und ich sei bestimmt auch noch stolz drauf. Damit hatte er recht. Ich dachte: Wieso? Radieschen mit Butter schmecken großartig, und die wenigsten Leute wissen davon, warum es ihnen also nicht in der neugeschaffenen Rezeptkolumne mitteilen? Seine Vorwürfe wiederholte Siebeck in den Jahren darauf immer, wenn wir uns sahen, bevor er dann bei Tisch einschlief, weil ich ihn so sehr langweilte.

Aber ich war noch ziemlich jung, 50 Jahre jünger als Siebeck. Und für mich bedeutete Jugend, dass ich mir die Dinge nicht bewusst gemacht habe. Ich habe damals über mich selbst recht wenig nachgedacht. Siebecks Wut und Enttäuschung – seine Zeit ging ja zu Ende – waren mir so fremd, es war, als spräche er eine andere Sprache. Ich habe nur höflich gelächelt, wie jemand, der nur Bahnhof versteht.

Aber nicht nur das Leid bedeutender Männer am Ende ihrer Karriere war mir fremd. Ich nahm eigentlich nichts so richtig ernst, schlief jede Nacht wie ein Murmeltier, und ich verglich mich auch mit niemandem, schon gar nicht mit Siebeck natürlich, ich wäre gar nicht auf die Idee gekommen. Man sagt, die Jugend sei unsicher. Ich muss für mich sagen, dass ich heute, zehn Jahre später, viel unsicherer bin.

Ich habe also einfach losgekocht. Vom Zeitmagazin gab es überhaupt keine Vorgaben, was im Nachhinein betrachtet ein journalistisches Wunder ist. Es stand nur der Titel bereits fest: Wochenmarkt. Aber wenn ich Spaghetti in Rotwein kochte, also ein gemüsefreies Essen, für das man sicher keinen Markt besuchen muss, war das irgendwie auch in Ordnung.

Ein bisschen originell und besonders wollte ich natürlich sein. Also gab es mal selbstgemachte Silvesterkrapfen, oder ich wies meine Leserinnen und Leser darauf hin, dass auch ich die Delikatesse Zucchiniblüten schätze. Aber irgendwann dachte ich: Kein Mensch macht Silvesterkrapfen selbst, und kaum jemand hat das Glück, in der Nähe eines Zucchiniblütenhändlers zu wohnen. Also ließ ich das wieder.

Bis heute probiere ich alle meine Rezepte unter den Bedingungen aus, die wahrscheinlich auch Leserinnen und Leser vorfinden:

Meistens bin ich müde, da ich Familie habe und eben noch einen anderen Beruf; meine Küche ist sehr schön, mein Lieblingsort, aber klein.

Die Ausstattung ist alles andere als großartig. Das einzige Küchengerät, das ich besitze, ist ein Pürierstab. Ich besitze nicht mehr als vier Töpfe, wobei ich seit Jahren darüber nachdenke, mir einen fünften anzuschaffen. Man kann sagen, dass das unprofessionell ist (und das wird ja auch gesagt), aber nur so gelingt es mir, Rezepte auszuwählen, die auch den ungeübten Koch belohnen.

Wann begannen die Dinge ein Gewicht zu haben? Ich kann es nicht mehr genau sagen. Ich erinnere mich aber an einen Moment vor etwas mehr als drei Jahren: Mein Neugeborenes lag in seinem Bettchen und ich säuberte gerade sein Fläschchen, ein bisschen schlampig, so wie ich eben sonst Geschirr spüle. Da überkam mich, überwältigte mich richtiggehend das Gefühl von Verantwortung: Was ich tat oder nicht tat, in dem Fall eine gründliche oder nicht so gründliche Reinigung des Fläschchens, hat eine so unmittelbare Folge für jemand anderes, in dem Fall für mein Kind, dass mir fast schwindelig wurde. Man muss dazu sagen, dass ich fest entschlossen war, die Mutterschaft ähnlich anzugehen wie ein Rezept für einen französischen Schokoladenkuchen: immer schön locker bleiben. Ich hatte keinen Geburtsvorbereitungskurs besucht und kein einziges Buch zum Thema Kinderkriegen gelesen.

Aber dann kam es natürlich ganz anders, nämlich genau so, wie alle sagen: Die Liebe zu deinem Kind reißt dir fast den Boden unter den Füßen weg und du willst dich noch festhalten, bis du akzeptierst, dass du eigentlich in einer anderen Person fortlebst. Die Sorge wird fortan dein ständiger Begleiter sein – eine Frage der Selbstbeherrschung, wie sehr man sich ihr hingibt.

Aber ich glaube, es hat schon vorher angefangen. Man sagt, die Zeiten sind ernster geworden, politischer. Ich habe vor ein paar Monaten einmal Annette Schavan zu einem Gespräch getroffen, also Jahre, nachdem sie wegen ihrer plagiierten Doktorarbeit hatte zurücktreten müssen, und sie erzählte mir nochmals in ihren Worten, wie das alles damals war, wie die Debatte nicht mehr aufhörte.

Es war wie der Bericht aus einem anderen Zeitalter. Diese Doktorarbeit war damals das Zentrum der Politik? Darüber haben die Leute sich aufgeregt? (Wobei man erstaunlicherweise auch diesen Sommer offenbar recht viel Energie hatte, sich über Annalena Baerbocks Plagiate aufzuregen.) In jedem Fall kann ich sagen, dass das Thema Essen politischer geworden ist.

Wenn man in Deutschland lebt, glaubt man ja, fast alle Dinge seien halbwegs gut geregelt, vor allem wenn man sich mit früheren Epochen vergleicht oder auch mit anderen Ländern. Dieses deutsche Selbstbild wird jedoch empfindlich gestört, wenn man sich eingehend damit befasst, wie Lebensmittel entstehen, und zwar tierische Lebensmittel.

Fast jeder, mit dem ich in den vergangenen Jahren über dieses Thema gesprochen habe, Tierärzte, Bauerinnen, Schlachter, erzählen Geschichten, von denen ich nicht weiß, wie ich sie aufschreiben soll, ohne meine Leserinnen und Leser zu erschrecken. Ich kann ja nicht in meiner Rezeptkolumne ein Biergulasch vorschlagen und dazu schreiben: Leute, ihr wisst schon, dass 80 Prozent der deutschen Rinder derart entzündete Klauen haben, dass sie beim Gehen Schmerzen haben. Und ihr wisst, dass Rindfleisch so viel CO_2 ausstößt wie kein anderes Nahrungsmittel und wir genau deshalb auf eine Welt zusteuern, in der große Teile nicht mehr bewohnbar sein werden. Aber gut, nehmen Sie eine Zwiebel, schneiden Sie sie in feine Streifen …

Das funktioniert nicht so ohne Weiteres. Aber für mich hat es in den vergangenen Jahren auch nicht mehr ohne Weiteres funktioniert, die Nebenwirkungen eines Biergulaschs auszublenden. Die Wirklichkeit ist extrem geworden, und einfach zu ignorieren, was um einen herum passiert, wirkt manchmal geradezu verrückt. Wie ein neuer Biedermeier: Die ganze Welt sortiert sich unter Schmerzen neu, doch wir sitzen alle im Wohnzimmer und machen Hausmusik.

Auch ich sehne mich nach der Küche meiner Kindheit. Es gab bei uns früher an jedem Wochentag ein bestimmtes Gericht: Montags Nudelauflauf. Dienstags Frikadellen. Donnerstags Spaghetti bolognese. Das würde ich heute vielleicht so nicht mehr essen wollen. Aber was ich meine, wonach ich mich sehne, wie wahrscheinlich viele, ist die Selbstverständlichkeit. Nicht zu viel nachdenken. Hunger haben, essen.

Ich glaube nur, es führt kein Weg dorthin zurück. Das Nicht-Nachdenken ist Kindern vorbehalten. Das Normale gibt es nicht mehr, wenn an einem einzigen Tag in Deutschland zwei Millionen Tiere geschlachtet werden, Enten und Wildtiere nicht mitgezählt. Wenn die Kurve der CO_2-Emissionen steigt und steigt, die Konzentration der schädlichen Gase in der Erdatmosphäre ein ungekanntes Maß angenommen hat, trotz aller Klimakonferenzen, die nun seit Jahrzehnten stattfinden, gerade wieder in Glasgow, trotz aller Beschlüsse, trotz aller vorgetragener Entschiedenheit.

Wir leben in dieser radikalisierten Realität, und mindestens dreimal am Tag stellen wir uns die Frage: Was soll ich essen, damit ich satt werde? Ich will den Augenblick zumindest ein bisschen genießen, ich will mich nicht überessen, ich will nicht Tiere quälen, ich will nicht den Planeten zerstören, aber ich habe einfach Hunger und wenig Zeit, ich suche Befriedigung, also was soll ich essen?

Ich möchte angesichts dieser Lage gern darüber nachdenken, wie wir eigentlich Genuss definieren. Und ich würde behaupten – das ist meine These –, dass unsere Vorstellung von Genuss sehr geprägt ist von den Entbehrungen, die die Generation meiner Eltern noch selbst erlebt hat, in den 1940er-Jahren. Ich habe mit meinem Onkel vor ein paar Jahren auf einer Reise in den Schwarzwald das Internat Sankt Blasien besichtigt, das er früher als Schüler besuchte. Er hat erzählt, dass er eigentlich ständig Hunger hatte. Die Eltern schickten den Kindern Pakete mit Essen ins Internat, aber meine Großeltern lebten damals im Ausland, in Paris, weshalb sie nichts schicken konnten.

Die prägende Erfahrung war also: zu wenig. Es gibt zu wenig. Auch zu wenig Gutes natürlich. Sahne, Butter, Schokolade, fast nicht zu bekommen, ein absoluter Luxus. Daraus zog man den Schluss: Genuss ist das, was man nicht haben kann. Das Seltene, auch das Ferne.

Der Michelinführer kam 1964 zum ersten Mal in Deutschland raus, ohne Stern noch, dann 1966 mit Sternen, und es bekamen gleich 66 Häuser einen Stern – die allermeisten kochten französische bürgerliche Küche, die einen etwas leichter und frischer, die anderen etwas soßiger und bratenlastiger, aber die Idee war schon, dass man ein bisschen über die Stränge schlug. Ein bisschen Bauchschmerzen hatte nach dem Restaurant-Besuch und ein bisschen zu viel getrunken hatte. Es entstand damals die Idee, dass ein Koch mit einem Bein im Diabetes stehen müsse, um glaubwürdig zu sein.

Die ersten Sterneköche fuhren hinüber nach Frankreich, um Bresse-Hühner zu bekommen und bretonische Hummer, und Foie gras natürlich, sie fuhren nach Italien wegen der Trüffel. Atlantikfische wurden eingeflogen.

Der Koch Eckart Witzigmann hat berichtet, dass er sich mit anderen Köchen zusammentat, sie fuhren auch für Estragon, Thymian, Walderdbeeren, Weinbergpfirsiche, Crème double nach Frankreich. Es gibt Bilder vom zehnten Jubiläum des Tantris in München, Anfang der achtziger Jahre, da sieht man ein übermannshohes Buffet, es türmen sich Hummer und Langusten, und ich glaube, das Türmen war auch das, worum es ging: Überfluss. Es mussten sich die Balken biegen.

Es wurde gegen die schlechte Erinnerung an den Mangel angekocht. Aber auch gegen die deutsche Sparsamkeit. Das war zum Beispiel auch Wolfram Siebecks Mission, den ich vorhin schon erwähnt habe. Er sagte: Achtet nicht auf die Sättigung, achtet auf die Verfeinerung. Fahrt die 40 Kilometer, um den besten Fisch zu bekommen, das beste Brot, den besten Käse. Hört auf, Kohlsuppe zu essen. Hört auf mit dieser schrecklichen deutschen Küche. Die Mehlschwitze, die »Sättigungsbeilage«, die »Plumpsküche«, wie er sie nannte.

Er sagte: »Genuss ist etwas, was in Deutschland immer als Sünde betrachtet wurde. Er teilt das Schicksal mit dem Wort Luxus. Beides sind für deutsche Begriffe Sünden, sind Schwächen des Volkes, der Nation. Eine Nation, die dem Genuss huldigt und den Luxus nicht verurteilt, ist zum Untergang verurteilt. Das sind römische Zustände, das führt zu decadence und was weiß ich. Das ist so das gängige Vorurteil der Deutschen.« Für Siebeck war also das Sparen die Todsünde. Sparen bringt nur Unglück. Bei Siebeck, der ja noch Flakhelfer und Kriegsgefangener gewesen war, gab es eine direkte Verbindung von deutscher Genussunfähigkeit und der Hitlerzeit. Für ihn war Verfeinerung eine Art antifaschistischer Kampf.

Er kämpfte gegen den Geiz der Deutschen in der Küche, er lieferte sich erbitterte Debatten mit denen, die sagten: Siebeck, Sie sind aber abgehoben mit Ihrem französischen Thymian und Ihrem Steinbutt. Die lernten seine ganze Wut kennen, die er in sich trug. Zum Beispiel der Schriftsteller Günter Herburger, der Siebeck 1975 in der linken Zeitschrift »konkret« ein Gedicht widmete mit dem Titel »Zur Verbesserung des Feuilletons: Einfach Wolfram Siebeck verbieten / über Essen zu schreiben und ihn drei Tage mit Heftpflaster über dem Mund / in die Bahnhofsgaststätte von Würzburg setzen / wo wir mitunter auch schlemmen« (Siebeck 1975).

Siebeck war empört, witterte faschistische Schreibverbote – hier wieder der vermutete Zusammenhang von Genussfeindlichkeit und Faschismus. Aber er fuhr hin in die Bahnhofsgaststätte, wo es – für uns heute erstaunlich – »Jägersuppe und saure Lunge mit Semmelklößchen« gab und »Feines Kalbsragout fin im Näpfchen«. Ist ja heute unvorstellbar. Es hat ihm aber gar nicht geschmeckt, schrieb er in seiner Kolumne daraufhin, und er nutzte die Gelegenheit, nochmals zu sagen, dass es ihm sowieso in keinem deutschen Restaurant, ob Bahnhofsgaststätte oder nicht, jemals geschmeckt habe.

Siebeck, so hieß es in allen Nachrufen, als er vor fünf Jahren starb, hat den Deutschen den Genuss beigebracht. Er hatte bei seinem Tod sozusagen auf kulinarischer Ebene die Westbindung der Deutschen vollendet, sein Werk vollbracht. Denn ich glaube, heute ist Sparen, vor allem an sich selbst zu sparen, ebenso verpönt wie es zu Siebecks Zeiten der eingeflogene Atlantikfisch war. Dabei hat natürlich die Globalisierung in Siebecks Richtung gearbeitet, denn die Globalisierung will ja, dass Märkte wachsen, Grenzen verschwinden und Produkte allen immer zur Verfügung stehen. Ich würde sagen: Heute ist der eingeflogene Atlantikfisch eine Banalität geworden beziehungsweise ein Anspruch, den jeder mit sich herumträgt: »Für mich bitte nur das Beste!« Nur, dass es heute eben kaum noch Atlantikfische gibt.

Und damit sind wir in der Gegenwart angekommen. Der Steinbutt, den Siebeck so liebte, der *turbot*, wie er in Frankreich genannt wird, wird in Stellnetzen gefangen, also Netzen, die aus Nylon bestehen und nah am Boden aufgestellt werden, wo der Steinbutt, ein Plattfisch, sich vorwiegend bewegt. Der Schweinswal aber schätzt den zartfleischigen Steinbutt ebenso, wie Siebeck ihn schätzte, und jagt ihm dort unten am Meeresboden nach. Dort verfängt er sich in den Netzen, die er nicht orten kann. Und weil er Luft braucht zum Atmen, muss er alle paar Minuten auftauchen, was er dann nicht mehr kann – der Schweinswal ertrinkt dort unten am Meeresgrund.

Man kann den Steinbutt auch züchten, was auch getan wird. Das sorgt allerdings für eine Belastung der Abwässer in der Umgebung der Fischzucht. Und der Energiebedarf ist hoch, da der Steinbutt kein guter Futterverwerter ist. Er braucht viel Fischmehl und Fischöl, das natürlich auch irgendwo herkommen muss. In den EU-Gewässern des Nordostatlantiks sind 30 von 62 Beständen zu intensiv befischt. Im Mittelmeer sind es sogar 96 Prozent der Bestände.

Ich erinnere mich an einen Segeltörn im Sommer 2017 im Mittelmeer, wir segelten von Sardinien nach Korsika und von Korsika nach Elba, waren zwei Wochen lang unterwegs. Wir hatten immer eine Angel draußen, hinten am Boot. Wir sind keine sonderlich begabten Fischer, natürlich nicht. Aber da biss die ganzen zwei Wochen lang kein einziger Fisch an. Kein einziger. Die Skipperin sagte: Es wurden immer weniger über die Jahre. Das Mittelmeer ist praktisch leergefischt.

Bei all dem, was sich damals im Tantris türmte, würde man heute irgendein Problem haben: Der Kraftstoffverbrauch der

Hummerfischer ist enorm. Ganz abgesehen davon, dass der Hummer wohl Schmerzen leidet, wenn man ihn erst auf Eis kühlt und dann in kochendes Wasser wirft. Es geht außerdem das Gerücht, dass es gar keine bretonischen Hummer mehr gibt – die zwei, die jedes Jahr gefangen werden, kriegt der französische Präsident, alle anderen sind gefälscht. Amerikanische Hummer werden also eingeflogen und kurz in bretonischem Wasser gebadet, was für die Klimabilanz nicht besonders hilfreich sein dürfte.

Der Überfluss wurde noch vor wenigen Jahrzehnten herbeigesehnt, heute ist er Realität. Und Teil dieser Realität sind auch die Nachrichten darüber, welche Nebenfolgen der Überfluss zeitigt. All die Nachrichten zum Zustand des Planeten, die uns erschrecken, wenn wir morgens in die Zeitung oder abends in die Tagesschau gucken oder zwischendurch aufs Handy – die haben wir ja selbst zu verantworten. Nicht der Einzelne natürlich, aber wir alle zusammen.

Also haben sich schon manche zur Konterrevolution zusammengetan. Eine Ideologie des Verzichts hat sich herausgebildet. Man lässt etwas sein, und schon deshalb, weil man etwas sein lässt, das andere tun, handelt man richtig. Es gilt, sich von dem abzugrenzen, was normal ist, da das Normale zerstörerisch geworden ist. Ich meine nicht nur die vegetarische und vegane Ernährung, sondern auch den Verzicht auf Gluten, auf Brot, auf Kohlenhydrate, auf Fett solcher und jener Art.

Aber für mich sind Exzess und Verzicht keine Gegensätze, sondern folgen derselben überkommenen Idee von Genuss: Genuss ist das, was verboten, nicht erreichbar, in der Ferne ist. Die einen, die den Exzess lieben, erfreuen sich daran, das Verbot bewusst zu übertreten, es gibt ihnen ein Gefühl von Freiheit. Die anderen, die für Verzicht plädieren, erfreuen sich daran, das Verbot einzuhalten, vielleicht weil es ihnen ein Gefühl von Kontrolle gibt.

Ich finde den religiösen Aspekt der Askese sehr interessant. Soweit ich weiß, gibt es keine Religion auf der Welt, die das Sich-Entsagen nicht irgendwo zum Thema macht, sei es durch Fasten, durch Speiseverbote, durch bestimmte asketische Praktiken. Die

Erfahrung, sich zumindest momenthaft von seinen Wünschen und seinem Begehren zu befreien, ist eine zutiefst spirituelle. Dem können natürlich auch wir in einem post-religiösen Zeitalter etwas abgewinnen.

Aber mir gefällt die Askese als Lebensprinzip trotzdem nicht, auch Regelhaftigkeit behagt mir nicht. Ich liebe es zu essen, ich finde, der Steinbutt ist ein großartiger Fisch, ich habe beste Erinnerungen an die Fischrestaurants in Paris, in meinen jungen Jahren habe ich einige Steinbutte gegessen, in einer herrlich buttrigen feinen Soße.

Ich liebe auch Bresse-Hühner, die übrigens ironischerweise deshalb einen großen CO_2-Abdruck haben, weil sie so lange leben dürfen, sie setzen nämlich nur langsam Fleisch an. Und ich hasse das Fasten, allein der Gedanke daran verursacht eine leichte Panik in mir: Nichts zu essen?! Ich kann nicht einmal ein Abendessen ausfallen lassen.

Ich leide – wie Siebeck einst – unter der Bahnhofsgastronomie, wobei einem heute nicht mehr schlechtes Ragout fin serviert wird, sondern ein Couscoussalat mit Mango plus einem Stück Matsch-Avocado. Mango, Avocado – die Produkte, die uns Deutschen eine Zeitlang Hoffnung gaben, dass unsere Küche besser werden würde. Doch heute wissen wir: Auch sie lassen sich so zubereiten, dass sie nicht schmecken.

Also was tun? Appetit und Hunger, Schonung und Verantwortung, sie scheinen sich auszuschließen. Ich glaube aber, der Genuss liegt gar nicht im Verbotenen. Genuss ist sogar etwas sehr Naheliegendes.

- Genuss ist ein dampfender Teller Spaghetti, die einem jemand Liebes zubereitet hat, wenn man nach einem langen Tag nach Hause kommt.
- Genuss ist ein Glas kühler Apfelsaft an einem heißen Tag.
- Genuss ist ein heißer Kaffee nach einem langen Spaziergang in der Kälte.
- Genuss ist die Pizza aus dem Kühlschrank, wenn man nach einer Feier nach Hause kommt.

- Eine Wassermelone auf dem Handtuch im Freibad.
- Ein zweites oder auch drittes Glas Wein, wenn man eigentlich schon nach Hause sollte, sich aber festgequatscht hat.

Das sind beliebige Beispiele. Gemeinsam ist ihnen, dass es sich um eher simple Dinge handelt. Aber um das Simple geht es mir gar nicht so sehr, sondern darum festzustellen: Genießen heißt, dass man im Moment ist. Dass der Moment verschönert wird, vertieft wird, mit Hingabe gelebt wird.

Genuss ist *nicht* gleich Exzess, *nicht* Völlerei, *nicht* Grenzüberschreitung. Und wenn Grenzüberschreitung, dann nur in dem Sinne, dass man einen Moment gleichermaßen mehrmals lebt, weil er in einem als schöne Erinnerung fortlebt und es sich dann so anfühlt, als hätte man Zeit gewonnen.

Ich denke, es ist so: Das menschliche Wesen hat die erstaunliche Fähigkeit, verschiedene, im Widerspruch zueinander stehende Wünsche in sich zu tragen. Menschen sind, wie man weiß, sich selbst am nächsten, aber Menschen wollen auch in Einklang oder in Frieden mit ihrem Umfeld und auch mit ihrer eigenen Seele leben. Sie brauchen Beziehungen, Kontakt, das Gefühl, in einer Gruppe zu sein, wie groß die Gruppe auch sein mag. Sie wollen sich im Spiegel ansehen können.

Und manchmal hat man den Wunsch, sich *nicht* den Bauch einfach zu füllen, no matter what, *nicht* seinem Appetit zu folgen, sondern eben Rücksicht zu nehmen – an die Gemeinschaft zu denken, in der ich lebe, nicht an mich selbst.

Ewas zu unterlassen, z. B. ein Steak auszulassen oder Olivenöl statt Butter in den Kartoffelbrei zu geben, ist dann nicht mehr ein Entsagen, das Sich-Abschlagen eines Wunsches. Sondern die Erfüllung eines anderen Wunsches: Man erfüllt sich den Wunsch, andere zu schonen oder das zu schonen, von dem alle leben: die Luft, den Boden, die Erdatmosphäre.

Ich würde also sagen, dass Menschen von sich aus, aus ihrem Inneren den Wunsch haben, anderen nicht zu schaden. Wir haben sehr wohl die Gabe zur Empathie, sind imstande uns die Frage zu stellen: Wie geht es den anderen? Statt: Was kostet *mich* das? Was kommt für *mich* dabei raus?

Natürlich können wir egoistisch sein, aber manchmal kommt es mir so vor, als wäre dieser Charakterzug etwas überbetont. Die außerordentliche Fähigkeit des Menschen zu kooperieren fällt manchmal etwas hinten runter, weil wir lieber auf Einzelne und ihre Spitzenleistungen gucken statt auf die Gruppen. Die machiavellistische Lesart des Menschen, der Mensch ist dem Menschen ein Wolf – diese Erzählung kennt man, sie ist die vorherrschende. Aber dass Menschen wirklich nur an sich selbst interessiert seien – jeder und jede weiß doch eigentlich, dass das einfach nicht stimmt.

Man kann also vielleicht aufhören, von »Verzicht« und »Genuss« zu sprechen, als würde beides sich ausschließen. Für mich ist es die offene Frage, warum die Politik, die gerade in Glasgow um eine bessere Klimapolitik ringt, sich die Kooperationsbereitschaft des Menschen so wenig zunutze macht.

Ich habe den Eindruck, das Wort »Verzicht« ist politisch vergiftet. Jeder klimapolitische Vorschlag zum Beispiel wird daraufhin geprüft, ob er jemanden in seinen Wünschen beschneidet, und zwar nur in seinen Konsumwünschen – ganz so, als gäbe es keine anderen Wünsche, als gäbe es den Wunsch gar nicht, in Einklang mit den anderen zu leben, eben andere zu schonen, nicht zu schaden.

Mir kommt es so vor, als gäbe es dafür in der Politik, egal in welcher Partei, gar keine Worte. Ein großer weißer Fleck auf der Landkarte der politischen Reden ist das, so kommt es mir manchmal vor.

Dies war nun meine sehr subjektive Darstellung von Genießen, Verzichten, vom Kochen und von der Politik. Sie dürfen mir gerne in der sich nun anschließenden Diskussion widersprechen.

Literatur

Siebeck, Wolfram (1975): Mit deutscher Zunge. In: DIE ZEIT Nr. 22/1975.

Joachim Helmut Schneider

Über die Selbstnegation des Todes

Es sei mir gestattet, mein Referat über die »Selbstnegativierung des Todes« mit der vermeintlichen Paradoxie von Ethik und Wissenschaftlichkeit zu beginnen. Den Begriff des Todes durch einen Einblick in die Wissenschaft der Thanatologie, der Todesforschung, unserer Tage unter das Signum der Seelsorge zu stellen, bedeutet einerseits die klirrende Kälte der Forschung mit der »Sorge um die Seele« zu verbinden, dies wird in hohem Maße als paradox empfunden. Der Begriff der Seele, wenn man nicht gerade vor Seelenärzten, zu Psycho-Loginnen spricht, ist für viele nur noch ein Wort, eine Chiffre, die jeglichen tradierten Sinnzusammenhang dieses ehrwürdigen Wortes vermissen lässt, und die ehemals hohe Schule der Philosophie, die Metaphysik, die sich mit dem Begriff der Seele verband, scheint obsolet und nicht mehr in Gebrauch zu sein. Doch es wäre aus unterschiedlichsten Gründen unbedacht, wenn wir »den Tod« als Thema aufnehmen und uns des »Zentrums der Autopoiese«, der Seele, in dieser kurzgefassten Bestimmung, nicht zuwenden würden.

Unter *Autopoiese* verstehen wir die Selbstwerdung, Selbstbildung oder auch Selbsterneuerung des Ichs durch sich selbst: *autos*, selbst, persönlich, eigen; *poein*: schaffen, bilden, herstellen. An der Seele lässt sich vieles analog zum Wesen des Todes aufzeigen. Dem Tod kommt nicht nur auf der basalen, vitalen Ebene ebendiese Funktion zu, *autopoietisch* zu sein, wenn wir die einseitige, sinndestruktive Sichtweise auf den Tod zurückweisen und den Tod als *lebensdienliches Erhaltungsprinzip* verstehen. Diese hier vorgestellte, scheinbar existenzielle Paradoxie, *todbringend und lebensdienlich zugleich* zu sein, soll an dieser Stelle zunächst nur thetisch vom Tod behauptet werden, die Begründung der Behauptung wird Gegenstand des Referates sein.

Doch lassen Sie uns noch eine kurze Weile bei der Begriffsbestimmung der »Seele« bleiben. Da der Mensch auch als denkende

Substanz existiert, ist sowohl mit der Bestimmung der Autopoiese der Seele sowie des Todes noch nicht viel gewonnen, beide Begriffe werden in dieser paradoxalen Form noch geheimnisvoller, als sie ohnehin schon waren.

In der Seele finden wir die Einheit von Subjekt und Objekt in ihren umfassendsten Entsprechungen. Das Ich ist durch seine Einheit von kognitiver und leiblicher Identität und durch seine Geschichte – sein Leben – bestimmt. Die Seele ist dabei das archetypische, zentrale Phänomen der Selbstprozessualität und Selbstoperabilität oder Selbststeuerung des Ichs und darin dem Tod strukturell gleich. Fragen Sie nun nicht, wo das Zentrum, die Seele, verortet ist, die Antwort kann nur lauten: Die Seele ist leibhaftig im ursprünglichen Sinn der Wortbedeutung. Die Metaphysiker und Metaphysikerinnen unter uns bleiben dabei im Gespräch, denn nehmen wir einmal an, eine Seele denke Gott oder sich selbst, so steht ihre Prozessualität oder ihre Selbstoperabilität damit in keiner Weise im Widerspruch. Die Linguisten und Sprachwissenschaftlerinnen allerdings – Wittgenstein an erster Stelle – würden sagen: Die devine Aussage der Befürwortenden steht gegen die Aussage der Verleugnenden, alles sei nur ein Wortspiel, sie lassen dabei aber die ontologische Basis der Selbstoperabilität sträflich außer Acht.

Doch was hat das mit der Absicht, Ethik und Wissenschaftlichkeit zusammenzubringen, mit unserem Thema Tod zu tun? Die Sorge um die Seele zu thematisieren, ist nicht nur gerechtfertigt durch die mehr als fünfzigjährige Tradition Ihrer Gesellschaft, sondern auch gerechtfertigt durch die Bedrohungslage der Seelen. Wie bedroht das »Zentrum der Autopoiese« in unseren Tagen bei den diversen Krisen ist, können jene Fachleute, zu denen ich hier spreche, in vielleicht viel kompetenterer Weise ausführen, vor allem aber auch jene Gegenkräfte mobilisieren, die die »Sorge um die Seele« als Schutz vor der Außen- und Innenwelt bereitzustellen wissen. Völlig fatal aber wäre es, zu den eingestandenen Krisen unserer Zeit mit dem Thema Tod eine weitere Perhorreszierung, ein weiteres Erschrecken bis zum Tode, zu erzeugen, wohl wissend, dass die geschriebene Geschichte seit dem Gilgamesch-Epos vor ca. 5000 Jahren voll davon ist (Das Gilgamesch-Epos 2020). Dies gehört emphatisch, wissenschaftsbasiert aufgehoben.

Doch dieses Eine noch vorweg. Wem von uns bange ist, Mitverantwortung um die »Sorge der Seelen« zu übernehmen, dem ist zu sagen: Es ist lange bekannt, seit Platons Zeiten nämlich (Platon 2016, Symposion, 204 e), dass seelengutes Tun – und damit ist im Umkehrschluss nicht gemeint, nekrophil den Tod zu verherrlichen – nicht nur dem Menschen hilft, dem die Sorge gilt. Die Sorge um den anderen hilft vielmehr auf geheimnisvolle Weise rückbezogen positiv auch unserem eigenen Selbst. Der Gegensatz dazu hieße: Jemandes Seele Gewalt zuzufügen, würde auch dem oder der Verursachenden schaden.

Im Folgenden möchte ich mein Referat unter drei Gesichtspunkten darstellen. Zum Ersten werden die Formen des Todes im Sinne eines Schichtenmodells vorgestellt, beginnend mit der basalen Form des Todes, dem bio-logischen Tod, es folgt die Darstellung des kognitiven Todes und schließlich der Tod der Gattung durch geologische Einflüsse. Zum Zweiten wird die Bedeutung des Todes im Sinne einer philosophischen Deutung aus dem Schichtenmodell abgeleitet, und drittens werden einige ethische Fragen aus den Formen des Todes zur Diskussion gestellt.

Die basale Form des Systems des Todes

Wann hat der Tod die Identität seiner selbst mit sich selbst erreicht? Wann ist er zum Begriff geworden? Wohl dann, wenn er seine Selbigkeit durch sich selbst für sich selbst hergestellt hat. Das hat er, wenn er selbst gestorben ist. Es stellt sich somit die Frage: Kann der Tod seine Identität herstellen und sich selber töten? Wenn der Tod eine Identität hätte, dann hätte er auch ein Sein. Ist dieses Sein ein abstraktes oder reales Sein? Wenn der Tod ein Sein hätte, wo wäre dieses Sein dann wohl verortet und wie wäre dieses Sein dann genauer zu spezifizieren?

Viele schwierige Fragen, die wir annäherungsweise bestimmen können, wenn wir den basalen Tod als reales, bio-logisches System in der Zelle eines jeden höheren Lebewesens einordnen. Das Sein des Todes ist ein spezifisches, nämlich ein an *das Leben gebundenes Sein*, das heißt, es ist ein endliches, sterbliches Sein. Wird etwa das Prinzip des Todes seines ontologischen, seinsbezogenen Kerns beraubt, dann könnten wir von einer potenziellen Unsterblichkeit ausgehen. Gegen den Gedanken eines ewigen Lebens ist logisch nichts einzuwenden, nur muss er vom Begriff der Sterblichkeit getrennt werden. Man kann die Sterblichkeit mit und ohne den Gedanken eines ewigen Lebens denken. Die Vergänglichkeit ereignet sich unabhängig des Gedankens von Unsterblichkeit und Ewigkeit, denn diese Gedanken gingen dem Gedanken der Sterblichkeit historisch voraus. Die Endlichkeit wurde in animistischer Zeit, in der man noch an Geister glaubte, zunächst überhaupt nicht gesehen, wurde geleugnet und nicht verstanden (Lévy-Brühl 1956, S. 159ff.). Die Sterblichkeit musste regelrecht erst entdeckt, ins Bewusstsein gehoben und zur Anerkennung gebracht werden. Unsterblichkeit und Ewigkeit sind metaphysische Begriffe und gehören nicht in die Kategorie der realen Sterblichkeit.

Noch einmal anders formuliert: Auf die alte Leibniz'sche Frage: »Warum ist [eigentlich] nicht nichts« (Leibniz 1965, S. 13), ist aus thanatologischer Sicht zu antworten: Weil der Tod endlich ist, ist nicht nichts, und dies gilt nicht nur im globalen – auf organisches Leben bezogen –, sondern auch im kosmischen Maßstab. Kurz gesagt: Der Tod hat ein Sein und ist an Sein gebunden. Sein und Nichtsein sind relationale Termen. Oder noch allgemeiner gefasst: Ohne Sein kein Nichtsein.

Doch hilft uns der makroskopische, weltbezogene Blick nicht wirklich weiter. Betrachten wir die Mikrostruktur des Systems des Todes, dann erweist sich die basalste Form des Systems des Todes als eine vitale, bio-logische Struktur in den Zellen lebender Organismen und nicht als ein externes Etwas. Ich werde Sie im Folgenden nicht mit biochemischen Formeln traktieren, sondern nur die Wirkungen dieser Mikrostruktur aufzeigen, von der wir gesagt haben, sie habe den paradoxen Charakter, *lebensdienlich und todbringend zugleich* zu sein. Die biochemischen Formeln, aus denen die Funktionsweise der Selbstprozessualität des Todes hervorgeht, können bei Interesse andernorts besprochen oder eingesehen werden.

Ein System des Todes, über das ich als zelluläre Struktur aus gutem Grund sprechen möchte, ist das *Apoptosesystem*. Warum bestimmen wir die urbasale Struktur des Todes gerade in seiner zellulären Form? Der Grund liegt in der Symmetrie des Lebens selbst, das in zellulären Strukturen beginnt und naturbedingt nach meiner Auffassung auch so endet.

Im Krebsforschungszentrum von Aberdeen haben im Nordosten Schottlands Kerr und Wyllie 1972 im Zuge ihrer Krebsforschung »den programmierten Zelltod« entdeckt und systematisch bearbeitet. Sie besprachen ihre Ergebnisse mit ihrem Professorenkollegen James Cormarck, worauf Cormarck ihrem Forschungsschwerpunkt den Namen »Apoptose« gab (Kerr et al. 1972) – ein heute gängiger und etablierter Begriff in der Medizin und Biologie. Der Begriff der *Apo-Ptose* kommt aus dem Griechischen und ist zusammengesetzt, bestehend aus der Vorsilbe *apo*, was so viel bedeutet wie »ausgehend von«, »hat seinen Ursprung in …«; *ptósis* bedeutet »Fall«. Die wörtliche Übersetzung könnte etwa so lauten: »*wovon das Fallen seinen Ursprung hat*«. Die Griechen haben mit der Apoptose das Herabfallen der Blätter im Herbst und Winter bezeichnet und dabei den zyklischen Verlauf der Jahreszeiten, das Neuwerden im Frühling zugleich mitgedacht.

Die Apoptose oder »der programmierte Zelltod« ist keineswegs erst in den 1970er-Jahren beobachtet worden, nur ist weder ihr Begriff noch ihre Funktion für die belebte Natur, speziell für die menschliche Gattung, zuvor genauer untersucht worden. Um die Jahrtausendwende hat man bei der Fruchtfliege (Drosophila melanogaster) beobachtet, dass manche Arten mit Flügeln geboren werden und als erwachsene Tiere keine Flügel mehr besitzen (Hay et al. 2000). Sie werden apoptotisch aufgelöst. Oder der Fadenwurm (Caenorhabitis elegans) hat bei seiner Geburt 1090 Körperzellen und als erwachsenes Tier kommt er sehr gut mit 959 Zellen aus, die überzähligen werden durch die Apoptose entfernt (Metzstein et al. 1998). Der Hinweis auf die Apoptose bei wirbellosen Tieren besagt, dass die Apoptose ubiquitär, überall in der belebten Natur zu finden ist, auch bei niederen Tieren, die weder einen Kreislauf noch ein Pumporgan für den Kreislauf noch das Zentralorgan eines Gehirns haben, das dieses lebenswichtige System des Todes steuern könnte. Es handelt sich also nicht nur um eine Urform des Systems des basalen Todes, sondern entspricht der manifestierten, inhärenten Logik in ihrer Erscheinungsform und ist keineswegs erst mit der Entwicklung des Menschen entstanden.

Aber auch beim Menschen hat die Apoptose schon im Embryonalstadium eine lebensdienliche Funktion, denn es werden viel mehr Nervenzellen im Gehirn gebildet, als die Funktion des Embryos für die Entwicklung bedarf, so dass überzählige Nervenzellen vorgeburtlich apoptotisch wieder abgebaut werden (Hutchins/Barger 1998). Oder beispielsweise gehört zur Klarsichtigkeit die Lichtdurchlässigkeit der Linse des Auges. Ohne den Abbau der Zellkerne und anderer Zellkompartimente der Linse, die den Linsenaufbau zunächst erst ermöglichen, würde die Linse trübe sein wie Milchglas. Jedwede Zellstruktur der Linse wird von der Apoptose noch im Embryonalstadium beseitigt (Bassnett/Beebe 1992).

Von funktioneller Bedeutung ist die Eliminierung von Zellen auch bei der Anlage der menschlichen Hände und Füße. Die Hand wird als Organplatte mit Fingerknospen angelegt. Das Gewebe zwischen den Knospen wird programmiert apoptotisch abgebaut, sobald die zuführenden ernährungstragenden Strukturen in den Fingern zur Verfügung stehen, um die freie Beweglichkeit der Finger und Zehen zu gewährleisten (Vaux/Korsmeyer 1999).

Von essenzieller Bedeutung und damit lebensdienlich, autark, laut- und bewusstlos ist das Apoptosesystem, das wir als *inneres Selektionsprinzip* (Hirano 2000) der uns bekannten, von Darwin postulierten äußeren *natürlichen Selektion* gegenüberstellen können. Niemand weiß genau, in welchen Quantitäten fehlerhafte

Codierungen, die wir auch als Mutationen kennen, bei der Übertragung des Erbgutes bei der Neubildung von Zellen nicht zugelassen und beseitigt werden. Das Apoptosesystem kann Fehlcodierungen, überzähliges, dann auch pathologisch unkontrolliertes Zellwachstum, das malignes Wachstum ist, erkennen und zerstören. Daraus lässt sich unschwer folgern, was passiert, wenn die Apoptose durch Fehlfunktion versagt, maligne Zellen nicht erkennt oder nicht auszusondern in der Lage ist (Daniel et al. 2001). Es führt zur Häufung pathologischer Materien im Organismus, die Krankheiten bedeuten oder als solche gedeutet werden.

Das prototypische Beispiel für das Versagen der Apoptose bei einer neurologischen Erkrankung ist die furchtbare Krankheit Amyotrophe Lateralsklerose, ALS (Roy et al. 1995). Diese Erkrankung ist durch eine von den Extremitäten ausgehende Lähmung gekennzeichnet, die nicht selten durch Lähmung der Atemhilfsmuskulatur zum Tode führt. Ohne Therapie ersticken die Erkrankten bei vollem Bewusstsein.

Allerdings haben auch neuere Behandlungsansätze, sowohl was das Beheben von Funktionsstörungen angeht als auch in der Krebsbehandlung, durch das Verständnis der körpereigenen Zellclearance, der Apoptose, zu neuen Therapieerfolgen geführt (Fulda/Debatin 2004).

Doch lassen Sie uns noch einen Schritt tiefer in die Materie der zellulären Apoptose eindringen, um das System des *autolytischen* Todes besser verstehen zu können. Der Vorgang, dass Körpersäfte Nahrungsanteile, z. B. Eiweiße, Proteine, aus denen unser Tierfleisch chemisch besteht, verdauen können, ist bekannt und geläufig. Dieser Stoffwechselvorgang wird durch sogenannte Proteasen bewirkt, die u. a. in der Bauchspeicheldrüse gebildet werden. Proteasen sind selbst Eiweißverbindungen, die Eiweiße spalten und verdauen können. Nun besteht das System der Apoptose aus Eiweißbausteinen, den sogenannten *Caspasen*, einem Kunstwort aus »cystinabhängige-aspartatspezifische Proteasen«, die eine andere Struktur aufweisen als die für die Ernährung bereitgestellten Proteasen der Bauchspeicheldrüse. Die Caspasen sind der biochemische Name des Apoptosesystems, das als programmierter Zelltod ein autolytisches System auf zellulärer Basis darstellt. Dass diese Eiweiße speziesspezifisch sind, zeigt an, dass sie eine lange evolutionäre Entwicklung hinter sich haben. Beim Menschen finden wir vierzehn verschiedene Caspasetypen mit jeweils unterschiedlicher Funktion, die im Sinne eines Zyklus kaskadenförmig in der Zelle angeordnet sind. Das Besondere dieses Zyklus ist, dass das funktionelle Ende mit dem Anfang zusammenfällt. Das Ende, das den Anfang bedeutet, ist, funktionell organisch interpretiert, die *restitutio ad integrum*, die Wiederherstellung des Ausgangszustandes. Eine schadhafte Leberzelle, die eliminiert ist (Jo et al. 2000), ermöglicht die normale Funktion der Leber und führt nicht zum Leberkrebs. Darin besteht die lebensdienliche Funktion der Apoptose am Beispiel eines der wichtigsten Organe des Bauchraumes.

Die Apoptose läuft in zwei Phasen ab. Die erste Phase bezieht sich auf die Organellen der Zelle, den Zellkern, den Reproduktionsapparat und anderes mehr. Die zweite Phase, die in unserem Zusammenhang die wichtigere ist, nimmt Bezug auf das System des Todes selbst. Der todbringende Apparat selbst wird denaturiert, das heißt, er verliert nicht nur seine Struktur, sondern vor allem auch seine Funktion.

Damit haben wir den programmierten Verfall der Zelle in Umrissen dargestellt; was fehlt und was die Kollegen aus Aberdeen auch nicht herausgearbeitet haben, ist die *Selbstbezüglichkeit des Systems des Todes durch sich und für sich selbst*. Denn die ersten acht bis neun Caspasen denaturieren die Zellkompartimente, das heißt, der Zellkern verliert die Fähigkeit der Weitergabe der Erbinformation, der Stoffwechsel der Zelle kommt zum Erliegen und die Kommunikation mit anderen Zellen wird eingeschränkt. In diesem Zustand ist der Vorgang in Teilen noch reversibel. Sobald die neunte bis vierzehnte Caspase aktiviert ist, wird das System des Todes selbst seiner Fähigkeit, todbringend zu sein, beraubt, das System des Todes stirbt an sich selbst. Die Biomoleküle der Caspasen werden aufgespalten, ihre Verbindungen gelöst; damit verliert das System des Todes nicht nur seine Struktur, sondern vor allem seine Funktion. Die Caspasen haben die zellulären Funktionssysteme denaturiert, sie haben der Zelle und dem Tod das Leben entzogen, ihnen ihre Operabilität genommen. Das Ende der Caspasekaskade ist das Abschalten der Mitochondrien, die die Energiezufuhr für den gesamten Entwicklungsgang bereitstellen. Die Zelle fragmentiert und zerfällt. Der Stein als Repräsentant der unbelebten Natur und die Zelle sind endlich, der Stein kann aber im Gegensatz zur Zelle nicht sterben, er hat nicht die Eigenschaft, sterblich zu sein, ihm fehlt das System des Todes.

Der Tod stirbt mit der Zelle, um das Organ, oder global betrachtet, um den Organismus zu erhalten. Die Regeneration oder Wiederherstellung des Organismus in seinen natürlichen gesunden Zustand ist der Zweck des Systems des Todes. Mit dieser unbewussten Weisheit des Körpers lebt der Organismus länger als die einzelne Körperzelle; das System des Todes der Zelle beugt der vorzeitigen Veraltung vor oder macht, dass wir alt die Neuen sind. Der Tod ist mithin kein singuläres Ereignis, sondern ereignet sich zu Lebzeiten iterativ, immer wiederkehrend. Es ist von Wittgenstein und anderen völlig falsch gesehen, dass wir Menschen »unseren Tod nicht erleben«, wenn wir unter dem »Erleben« nicht nur die bewusste Kognition und Reflexion verstehen wollen, sondern »er-leben« als das Leben (real) zu leben definieren. Richtig ist, wir *ver-leben* unsere Leiblichkeit, wir altern. Dass dieser Prozess kontinuierlich ohne Bewusstsein abläuft, ist hegelianisch formuliert auch ontologisch die Ursache dafür, dass wir immer die anderen unserer selbst sind. Wir sind nicht mehr die Siebzehnjährigen, die wir waren, und sind doch immer noch dieselben.

Von den vielen Fragen, die uns die Apoptose vorlegt, drängt sich eine als besonders wichtig auf: Ob denn dieses System des Todes auch den finalen Tod bedeutet. Wir wissen nicht, wie oft im Leben ein Mensch zu sterben und wiedergeboren zu werden hat; wir wissen aber sehr wohl, dass der Tod ein letztes Mal stirbt. Der Mensch ist erst dann gestorben, wenn der Tod in ihm ein letztes Mal gestorben ist. Der Tod ist der letzte sterbliche Systemanteil des Menschen. Es wurde bereits mehrfach postuliert: Der menschliche, natürliche Tod ist ein leibhaftiger, intrinsischer, innerer, sich wiederholender, biologischer Prozess auf zellulärer Basis, der weder durch eine externe Macht, sei es durch ein Messer, ein Geschoss, eine Bombe oder durch Strahlung richtig erklärt ist. Er ist auch nicht als Herz- noch als Hirntod richtig bestimmt, sofern diese möglichen Initiatoren des Todes mit dem System des Todes gleichgesetzt werden. Stellen wir die Frage: Muss ein Mensch am Herz- oder Hirntod notwendig sterben? Die primäre, grundlegende Prozessualität und Operationalität, die wesentlichen Funktionen sowohl des Herzens als auch des Gehirns – und da sagen wir nichts Neues – besteht nicht darin, den Tod herbeizuführen. Deshalb stirbt ein Mensch weder den Herz- noch den Hirntod. Schlussendlich enden vielmehr alle sogenannten Signal- und Induktionswege der Systeme des Todes – auch die kognitiven, auf die wir gleich eingehen werden – ausnahmslos in den kleinsten Bausteinen des menschlichen Körpers, in den Körperzellen, in denen das Todesereignis ein Leben lang, aber auch final irreversibel ist.

Das kognitive System des Todes

Um uns auf das Phänomen des *kognitiven Todes* einzustellen, möchte ich eine kurze Gedankenanleihe bei Søren Kierkegaard machen, der ein kleines Buch mit dem Titel *Die Krankheit zum Tode* unter einem Pseudonym 1849 publiziert hat. In dieser hoch dialektischen und psychologischen Schrift wird die These vertreten, die Verzweiflung eines Menschen sei eine »Krankheit zum Tode«. Wenn wir uns an die sogenannten Todsünden des Mittelalters erinnern, so war eine der Sünden, die des Todes war – oder von der geglaubt wurde, dass sie den Tod herbeiführen könne –, die Schwermut. Heute würden wir die Schwermut vielleicht als Depression oder endogene Verzweiflung bezeichnen.

Wenn wir uns also auf einen solchen Term des *kognitiven Todes* einlassen, der mental – als Gedanke – selbstbezüglich lebensbedrohlich ist, so berufen wir uns auf ein lange vorliegendes Wissen, das in unserer Zeit hinterfragt und reflektiert sogar epistemisch, wissenschaftsbasiert zur Fachrichtung der Psychosomatik geführt hat.

Dies ist deshalb vorwegzuschicken, weil der Zusammenhang von Körper, Geist und Seele immer noch opak, dunkel und wohl auch nicht den Gesetzen der Kausalität gehorcht. (Die »Krankheit zum Tode« der Selbstmordattentäter ist wirklich schwer zu verstehen, oder?) Wir sprechen also nicht über irgendeine Krankheit, sondern über eine tödliche Erkrankung, die im System des Todes meiner Überzeugung nach nicht fehlen darf. Fragen wir: Gibt es so etwas wie eine kognitive Krankheit, die zum Tode führt?

Nun wird man von einem nur durchs Leben Geschulten nicht erwarten wollen, ein psycho-somatisches Geheimnis zu lösen, an dem sich die Fachleute im Detail in Schulen gegliedert uneins wurden. Die Einheit von Geist und Körper als leiblich zu verstehen, ist schnell postuliert und dahingesagt. Wer aber darüber Auskunft erteilen soll, wie die Übertragung der Psyche auf den Leib und umgekehrt erfolgt, der hat Mühe, diese Übergänge der sogenannten Signal- oder Induktionswege zu erklären. Es geht hier in erster Linie nicht darum, den Tod im Sinne einer externen Verursachung herzuleiten, sondern um die Behauptung, der selbsteigene Geist habe einen inneren, todbringenden Zugriff auf den Leib. Dies ist deshalb so bemerkenswert, weil der Überlebenstrieb als der stärkste unter den Trieben angesehen wird.

Dazu mag eine kurze, nicht hinreichende Analogie hilfreich sein, die sich keinesfalls strukturanalog zwischen dem Phänomen der »Krankheit zum Tode« und dem des chronischen Schmerzes auftut. Dennoch eignet sich der Vergleich, um den mentalen Einfluss auf den Körper zu parallelisieren. Chronische Schmerzen und körperliches Training sind nämlich in ihren Wirkungen auf den Leib relativ gut untersucht und haben in diesem Jahr, 2021, zum Nobelpreis der Medizin geführt.

Es gibt so etwas wie ein *implizites Schmerzgedächtnis*, das schmerzauslösende Ereignisse über Jahre und Jahrzehnte speichern kann wie z. B. beim Fibromyalgiesyndrom. Bei der normalen Schmerzauslösung ist ein sehr genaues Minimalpotenzial der Nervenzelle erforderlich, um die Reizschwelle zu erreichen und den Schmerz damit auszulösen. Beim chronischen Schmerzsyndrom kann eine partielle Dauerdepolarisation der Membranen der Nervenzellen vorliegen, die die Reizschwelle permanent abgesenkt hält (Egle/Zentgraf 2020). Diese morphologische Veränderung führt bei kleinsten inneren oder äußeren Störungen zu einem Schmerzereignis. Wenn allerdings die Reizschwelle so sehr erniedrigt ist, dass schon Erinnerungen – auch die verdrängten – schmerzauslösend sind, dann ist nur der schwerste therapeutische Einsatz in der Lage, diese fixierte strukturelle Veränderung in ein sich erfüllendes Leben aufzuheben, wenn das überhaupt rückwirkend auflösbar ist. Sobald nämlich die körpereigene Resilienzfähigkeit *strukturell* ausgehebelt ist, können auch die therapeutischen Bemühungen wohl nur im Sinne eines langwierigen Trainings erfolgreich sein.

Die Übertragung dieser Analogie auf unsere Systeme des Todes lässt mit nahezu an Gewissheit grenzender Wahrscheinlichkeit annehmen, dass eine operationale (ontologische) Verbindung auch auf diesem Niveau von Geist und Körper vorhanden ist, wenn die Einheit von Körper und Geist nicht nur hohles Gerede sein will. Nichtsdestoweniger bekräftigen wir die eingangs geäußerte Absicht, mit dem Thema Tod nicht eine endogene Schwermut auslösen zu wollen, die zu der postulierten »Krankheit zum Tode« führt. Dabei sollten wir davon ausgehen: Auch die »Krankheit zum Tode« ist seinsgegründet und seinsbegründet, sie hat einen ontologischen Kern.

Im Anhang an die *Pensées* (Gedanken) von Blaise Pascal beschreibt seine Schwester, die diese Schrift posthum veröffentlicht hat, eine Form endogener Schwermut bei ihrem Bruder, die durch einen kognitiven Konflikt zwischen Endlichkeit und Unendlichkeit zum vorzeitigen Tod von Pascal geführt haben soll (Pascal 2016, S. 25). Der Mathematiker und Philosoph Blaise Pascal starb 1662 mit 39 Jahren ohne ersichtliche körperliche Erkrankung, er wollte schlicht nicht mehr sterblich leben.

Der geologische Lebensraum und der Tod der Gattung

Als Charles Darwin 1859 seine Hypothesen in dem damaligen epochalen Werk *The Origin of Species by Means of Natural Selection* publizierte, hatte er eher den »Ursprung der Arten« im Sinn. Der Blick auf die Gattungen und Arten der Natur in unseren Tagen fokussiert eher auf die Fragen ihres Untergangs, mit erschreckender Aktualität. Wir leben im Zeitalter des *Anthropozäns,* eine Vorstellung, die weitgehend akzeptiert ist (Dartnell 2019, S. 9). Das heißt, wir Menschen nehmen auf die Geologie unserer Erde in einer Weise Einfluss, dass die verpestete Atmosphäre toxische Rückstände konserviert, die den Sauerstoffgürtel der Erde zerstören, und der zunehmende CO_2-Anstieg die Erde aufheizt, die Pole abschmelzen lässt, die Meere versauert; dabei vernichten Brände Land- und Lebensräume, die die Ressourcen des Erdbodens verbrauchen, wodurch der Verlust der tropischen Regenwälder noch in Jahrmillionen nachweisbar ist, weil alles mit allem zusammenhängt (Leibniz 1965, § 61, S. 55).

All das wissen wir. Was dabei das Bedenkenswerteste ist: Die Geologie kann im schlechtesten sowie im besten Fall Einfluss auf die »natura naturans« (Spinoza 1966, Proposition 29), die schaffende Natur bzw. Biologie, ausüben. Die Implosionstheorie des Meteoriteneinschlages mit dem konsekutiven Sterben der Gattung der Dinosaurier ist die eine Seite dieser naturhistorischen Phänomene. Dass das Artensterben dabei selbstbezüglich auch die Gattung Mensch einschließen kann, dramatisiert die Situation bis ins Bewusstsein einer Krise hinein. Es wird daher nicht wundern, wenn das Artensterben im Zusammenhang mit der *Conditio humana* hier auftaucht. Wenn nämlich die Systeme des Todes in den Körperzellen basal in jedem einzelnen sterblichen Individuum verortet sind, mag der Eindruck entstanden sein, der *naturgegebene Überlebensmaßstab* sei der einzelne Mensch. Abgesehen von der Bedeutung, die der Tod für jeden einzelnen Menschen hat – sei er eine narzisstische Kränkung, wäre er als furchtbares Schicksal empfunden oder herbeigesehnt und willkommen geheißen –, sind die geologischen Determinationen überindividuell. Die Vorstellung eines solipsistischen Todes mag zwar egologisch richtig sein, ist aber unzureichend bestimmt. Gemäß der Natur liegt der Überlebensfokus beim Allgemeinen der Gattung. Das Bonmot der Übereinstimmung des Rückgangs der Störche mit der menschlichen Geburtenrate weist auf das Gemeinsame von Geologie und Biologie hin. Eine vergiftete Mitwelt, die doch in Wirklichkeit unsere Welt *global* ist, schlägt auf den Genpool durch (bei Verstrahlung oder durch Sintfluten), vermindert diesen, und ganze Gattungen sind in ihrer Existenz bedroht. Ist die Umwelt als Mitwelt bedroht, ist der Lebensraum, sind unsere Wohnzimmer und nicht nur die Begonien auf dem Balkon in Gefahr. Wer aber sein Habitat verliert, hat sich schon verloren, denn es ging nicht nur die Natur verloren, sondern mit ihr auch unsere »zweite Natur«, die Kultur.

Es ist unrichtig, einen naturgegebenen oder kulturellen Determinismus herzuleiten, der sich apokalyptisch oder realitätsfern idealistisch auftut. Wir sind gut beraten, unseren Geist offenzuhalten für Gesetze, die wir noch nicht durchschauen, um nicht im Denken dem Ungesetz des Zufalls zu verfallen. Sowohl die Katastrophiker als auch die anderen, die ein *Euzän*, das gute Zeitalter, erwarten, sollten sich hüten, einen Automatismus in die eine oder andere Richtung für gegeben anzunehmen. Gerade darin liegt die Chance unserer Verantwortung.

Die selbstbezügliche Negativierung des Todes

Der Widerspruch, in den uns der Begriff des *Endlichen* führt, besteht darin, selbst endlich zu sein. Mit Hegel können wir sagen: »Das Endliche ist endlich und nicht unendlich« (Hegel 1986, S. 141). Damit wäre zwar alles Mögliche gesagt, aber die Selbstwidersprüchlichkeit des Endlichen noch nicht erklärt. Wir verstehen das Endliche als Weg oder den Prozess, der nicht nur an die Grenze führt, sondern auch darüber hinaus verweist. Der Begriff des Endlichen ist demnach ungenau als Grenze bestimmt, wenn sein Davor und sein Dahinter nicht an ihr selbst bestimmt würden. Das Endliche begrenzt das Unendliche sowohl vor der Grenze als auch nach der Grenze. Die Vorstellung des Fortganges des Über-die-Grenze-Hinausgehenden ist das Gegenteil der Grenze, es ist die *Negativierung der Grenze* durch das Gegenteil dessen, was es heißt, eine Grenze zu sein. Dieser Selbstwiderspruch ist die *selbstbezügliche Negation* des Begriffs der Endlichkeit, eine negative Prozessualität. Diese nur abstrakte und sicherlich nicht vollständige, begriffslogische Herleitung der Endlichkeit fordert nun die konkrete, anthropologische Klärung der Prozessualität und Operationalität des basalen Todes, deren bisherige biochemische Bestimmung noch der weiteren philosophischen Deutung bedarf.

Wie wir gehört haben, konnte die Operabilität des Caspasesystems in der Zelle in zwei Phasen unterteilt werden: Die erste Phase der Negation betraf die Zelle mit ihren Kompartimenten. Hier ist die Negation noch nahezu vollständig abhängig von der Induktion des Gesamtorganismus. Die Initiation des Systems des Todes antwortet auf die Frage, warum der Organismus gerade diese Zelle und nicht die andere »ausgesucht« hat, um sie aus dem Gesamtverband der Organzellen zu entfernen. Wir kennen den Mechanismus nur ungenau, können aber lichtmikroskopisch teilhaben an diesem Vorgang, der sich in der Zelle abspielt.

Die zweite Stufe der Negativierung bezieht sich – wie wir bereits wissen – auf das System der Deletion selbst. Es hat sich in gewissem Sinn eine Eigendynamik entwickelt, die die zweite Negation steuert, sie ist durch das System selbst induziert. Was in der Zelle vor sich geht, ist die programmierte prozesshafte Operationalität. Betrachten wir den Vorgang noch etwas genauer, dann ist dieser Zweiphasenvorgang in zwei Bewegungsmomente aufgeschlüsselt, den wir in der ersten Phase als *Propulsion* und in der zweiten Phase als *Retropulsion* auffassen können und der mithin eine Kreisbewegung beschreibt. Die zweite Negation ist die in unserem Zusammenhang entscheidende. Der rückbezügliche Vorgang ist der auf das System des Todes *selbstbezügliche* Vorgang. Die Selbstbezüglichkeit des Systems des Todes ist selbstanwendende Operationalität als Negation. Biologisch formuliert beschreibt diese Operationalität die Autonomie des Systems. Philosophisch formuliert ist damit die Autopoiese ontologisch beschrieben.

Zu welchem *Zweck* existiert das System des Todes, ist zu fragen – und auch das wissen wir bereits: Die Prozessualität und Operationalität des Systems zielen auf Wiederherstellung des Organs und im weitesten Sinne des Organismus. Es gibt einige Autorinnen und Autoren, die die Zweckhaftigkeit nur einem mit Bewusstsein ausgestatteten Subjekt zutrauen. Die Natur denkt zwar nicht, das heißt allerdings noch lange nicht, dass sie so strukturiert ist, dass wir das, was wir von ihr wahrnehmen und erleben, als geistlos bezeichnen würden (Stegmüller 1983, S. 639ff.). Wir erkennen und anerkennen sehr wohl den Zweck dieser Prozessualität ohne Beteiligung eines subjektiven Bewusstseins. Hier findet ein sogenannter objektiver Vorgang statt, den wir zwar je nach Fakultät mit anderen Worten interpretieren, aber er vollzieht sich mit und ohne Interpretation als Grundbestimmung unserer sterblichen Wirklichkeit.

Es ist den geneigten Zuhörerinnen und Zuhörern nicht entgangen, dass wir eine Kreisbewegung inhaltlich und in Worten beschrieben haben, die das Ende als Anfang definiert. Die selbstanwendende Operabilität des Systems des Todes endet mit der Kontinuität der Lebendigkeit der Leiblichkeit der Körperzellen, der Organe und der Organismen, und eine Abstraktionsstufe höher endet er mit dem Überleben der Gattung.

Die dargestellten Strukturanalogien von Philosophie und Biologie, die wir als Synergien interpretieren, sind am Beispiel des Systems des Todes und seiner Deutung möglicherweise auch ein Grund unter den vielen anderen (wenn auch nicht bewusst) für die fortgesetzte große Bedeutung und häufige Beschäftigung mit dem Phänomen des Todes seit Menschengedenken.

Lassen Sie mich diesen Abschnitt so beschließen: Sterblichkeit ist ein Teil der Weltordnung, Unsterblichkeit ist nur ein Traum und nicht einmal ein schöner.

Fragen zur Ethik des Systems des Todes

- Ist Sterben ein einmaliger oder mehrmaliger Vorgang?
- Wird die Kunst, sterben zu können, die *Ars moriendi*, einseitig als medizinisch-pharmakologische Therapie missverstanden?
- Ist die assistierte Selbsttötung ethisch zu rechtfertigen?
- Schließt der zellulär bestimmte Tod die Transplantationsmedizin aus?
- Sind die Begriffe Herz- und Hirntod noch zu rechtfertigen?

Rainer Maria Rilke
Sonett an Orpheus XIII

Sei allem Abschied voran, als wäre er hinter
dir, wie der Winter, der eben geht.
Denn unter Wintern ist einer so endloser Winter,
daß, überwinternd, dein Herz überhaupt übersteht.

Sei immer tot in Eurydike –, singender steige,
preisender steige zurück in den reinen Bezug.
Hier, unter Schwindenden, sei, im Reiche der Neige,
sei ein klingend Glas, das sich im Klang schon zerschlug.

Sei – und wisse zugleich des Nicht-Seins Bedingung,
den unendlichen Grund deiner innigen Schwingung,
daß du sie völlig vollziehst dieses einzige Mal.

Zu dem gebrauchten sowohl, wie zum dumpfen und stummen
Vorrat der vollen Natur, den unsäglichen Summen,
zähle dich jubelnd hinzu und vernichte die Zahl.

(Rilke 1996, S. 703f.)

Literatur

Bassnett, S. / Beebe, D. C. (1992): Coincident loss of mitochondric and nuclei during lees fiber cell differentiation. In: Dev Dyn 194, S. 85–93.

Daniel P. T. / Sturm, I. / Wieder, T. / Schulze-Osthoff, K. (2001): The kiss of death: promises and failures of death receptors and ligands in cancer therapy. In: Leukemia 15, S. 1022–1032.

Dartnell, L. (2019): Ursprünge. Wie die Erde uns erschaffen hat. Hanser, Berlin, München, S. 9.

Darwin, Ch. (2011): The Origin of Species. Collins Classics, Croydon.

Egle, U. T. / Zentgraf, B. (2020): Psychosomatische Schmerztherapie. 3., aktualisierte Aufl. Kohlhammer, Stuttgart, S. 61ff.

Fulda, S. / Debatin, K. M. (2004): Targeting apoptosis pathways in cancer therapy. In: Curr Cancer Drug Targets, 4, S. 569–576.

Das Gilgamesch-Epos (2020). Neu übersetzt und kommentiert von S. M. Maul. C. H. Beck, München.

Glueksmann, S. (1951): Cell death in normal vertebra ontogeny. In: Biological Reviews, 26, S. 59–86.

Hay, B. A. / Hug, J. R. / Guo, M. (2000): The genetics of cell death: approaches, insights and opportunities. In: Drosophila Nat. Rev. Genet, 5, S. 911–912.

Hirano, T. (2000): Cromosome cohension, condensation, and separation. In: Annu Rev Biochem 69, S. 115–144.

Hutchins, J. B. / Barger, S. W. (1998): Why neurons die: cell death in the nervous system. In: Anat Rec 253, S. 79–90.

Jo, M. / Kim, T. H. / Seol, D. W. (2000): Apoptosis induced in normal human hepatocytes by tumor necrosis factor-releated apoptosis-inducing ligand. In: Nat Med, 6, S. 564–567.

Kerr, J. F. R. / Wyllie, A. / Currie, A. R. (1972): Apoptosis: a basic biological phenomenon with wide-ranging implications in tissue kinetics. In: British Journal of cancer, S. 239–257.

Leibniz, G.W. (1965): Philosophische Werke. Bd. 2: Hauptschriften zur Grundlegung der Philosophie: Teil 2. Meiner, Hamburg.

Lévy-Brühl, l. (1956): Die Seele der Primitiven. Wissenschaftliche Buchgesellschaft, Darmstadt, S. 159ff.

Metzstein, M. M. / Stanfield, G. M. / Horovitz, H. R. (1998): Genetics of programmed cell death in C. elegans: past, present and future. Trends Genet 1998; 14: 410–416.

Pascal, B. (2016): Pensées – Gedanken. Editiert und kommentiert von Philippe Sellier. 1. Aufl. Wissenschaftliche Buchgesellschaft, Darmstadt, S. 25.

Platon (2016): Werke in acht Bänden. Griechisch und Deutsch. Bd. 3: Phaidōn, Symposion, Kratylos. Hg. von G. Eigler. 7. Aufl. WBG, Darmstadt.

Rilke, R. M. (1996): Die Gedichte. 8. Aufl. Insel, Frankfurt am Main.

Roy, N. / Mahadevan, M. S. / McLean, M. / Shutler, G. / Yaraghi, Z. / Farahani, R. / Baird, S. / Besner-Johnston, A. / Lefebvre, C. / Kang, X. et al. (1995):

The gene for neuronal apoptosis inhibitor protein is partially deleted in individuals with spinal muscular atrophy. In: Cell, 80(1), S. 167–178.

Spinoza (1966): Die Ethik. Hg. von F. Bülow. Alfred Kröner, Stuttgart.

Stegmüller, W. (1983): Erklärung Begründung Kausalität. Band I. Studienausgabe. 2. Aufl. Springer, Heidelberg / New York, S. 639ff.

Vaux, D. L. / Korsmeyer, S. (1999): Cell death in development. In: Cell 96, S. 245–254.

ALEXANDER DEEG

Leichenschmaus und Abendmahl
Oder: Lasst uns essen und trinken, denn tot ist der Tod!

Was genau will ein Theologe zum Thema »Leibhaftigkeit. Genuss –
Vergänglichkeit – Vitalität« beitragen? Nun – nicht viel mehr, als an
einem Punkt den Versuch zu machen, nachzuzeichnen, wie Leibhaftigkeit, Vitalität, Essen, Trinken, Genuss und der Tod seit alters
zusammenhängen – und nachzufragen, was das für die gegenwärtige Praxis bedeuten könnte. Ich blicke dazu auf das »Abendmahl«,
das »Nachtmahl«, das »Herrenmahl«, die »Eucharistie« (die Begriffe
sagen schon eine Menge über grundlegende Verständnisse!). Es ist
ein Mahl, das seit den Anfängen vor annähernd zweitausend Jahren
die Grundlage christlicher Gemeinschaft bildet; ein Mahl, zu dem
die Erinnerung an den Tod grundlegend gehört.

Der Apostel Paulus schreibt in dem ältesten Text, der zum
Abendmahl erhalten ist: »[…] sooft ihr von diesem Brot esst und
von dem Kelch trinkt, verkündigt ihr den Tod des Herrn, bis er
kommt« (1 Kor 11,26).

Auf die Paradoxie, die in diesem Satz steckt, weise ich gleich
hin: Es geht um die Verkündigung des Todes dessen, der wiederkommt, weil er – so der Glaube des Paulus und der frühen Gemeinden – den Tod besiegt und überwunden hat. Es geht also um
die durchaus paradoxe Tatsache, jetzt zu essen und zu trinken und
dies mit einem zu tun, der wiederkommt; noch mehr: mit einem
Toten, der jetzt ausgerechnet im Brot und Wein, in den Nahrungs-
mitteln, gegenwärtig ist. Genau so wird das gemeinsame Essen
und Trinken im Gedenken des Todes zur erwartungsvollen Verge-
wisserung des Lebens.

Damit aber bin ich bei einer Spur, die die Versuchsanordnung
dieses Beitrags prägen wird. Mahlzeiten im Umkreis des Todes fin-

den sich durch die Zeiten hindurch und in allen Kulturen der Menschheit. Was geschieht, so meine Frage, wenn ich Abendmahl und Leichenschmaus probeweise nebeneinanderhalte und das Abendmahl im Spiegel des Leichenschmauses, den Leichenschmaus im Spiegel des Abendmahls wahrnehme?

I. Geschichten vom Abendmahl oder: Nicht nur kulinarisch ein Dekadenznarrativ?

Manchmal tun Christenmenschen durchaus merkwürdige Dinge. Da steht ein Repräsentant oder eine Repräsentantin dieser Religion in geistlichem Gewand in einer feierlichen Versammlung vor der Gemeinde und lädt ein: »Und nun kommt, denn es ist alles bereit. Schmeckt und seht, wie freundlich der *Herr* ist.« Und dann kommen sie und erhalten eine eher geschmacksneutrale und in ihrer Konsistenz papierne Oblate und dann noch einen Schluck meist eher mäßigen Weines. Wenn alle solchermaßen gegessen und getrunken haben, dankt der Pastor, der Priester oder die Pfarrerin Gott dafür, dass er uns mit diesen Gaben gestärkt und erquickt habe und uns seine Freundlichkeit schmecken und sehen ließ. Irgendwie passt die Semantik der Aussagen nicht so ganz zur Praxis des Mahles. Eine doxologisch aufgeladene Sprache trifft auf eine maximal symbolisch reduzierte Praxis. Und nicht selten frage ich mich, was Jesus eigentlich zu alledem sagen würde.

Als Jesus seine Jünger beim letzten Mahl mit ihnen aufforderte: »Solches tut zu meinem Gedächtnis«, hat er eine überaus bunte und diverse Geschichte christlicher Feierpraktiken und Feierlogiken hervorgebracht; eine Geschichte, die immer neu zu Auseinandersetzungen führte – übrigens ganz von Anfang an; eine Geschichte, die zu Spaltungen und Trennungen unter Christenmenschen führte und bis heute führt; eine Geschichte, in der es um Macht geht und ging und um die Frage, wer eigentlich das Tischrecht hat: Christus oder seine Vertreter:innen auf Erden. Manchmal frage ich mich, ob Jesus wirklich gesagt hätte, was er gesagt hat, wenn er das alles geahnt hätte ...

Es ist unmöglich, in diesem Beitrag auch nur annähernd die Praktiken zu schildern, die dieses Mahl prägen, die Geschichte dieses Mahles darzustellen oder die theologischen Fragen zu entfalten, die sich darum seit alters ranken. Ich erzähle daher vier Geschichten vom Abendmahl bzw. Herrenmahl – und weiß, dass diese nur exemplarisch sind.

1. Meine erste Geschichte hat den Titel: *Das Abendmahl als Beichte und die am Gaumen klebende Oblate.* Es ist ein persönlicher, ein autobiografischer Blick auf das Abendmahl, wie ich es kennengelernt habe: nicht gerade als herausgehobene Feier des Lebens. Im nordöstlichen Nordostoberfranken, wo ich geboren wurde, feierte man nicht allzu oft Abendmahl – wobei bereits diese Semantik nicht genutzt wurde. Wir *feierten* nicht Abendmahl, wir gingen *beichten.* Das Abendmahl war in der dörflich-evangelischen Frömmigkeit meiner Heimat so eng mit der Praxis des Sündenbekenntnisses und der Sündenvergebung verbunden, dass sich das bis in die Begrifflichkeit hinein auswirkte. Es war ein sehr besonderer und heiliger Vorgang, verbunden mit einer Präparation: Es gab eine Anmeldung zum Abendmahl, und viele verzichteten vor dem Mahl auf ein Frühstück, damit die Gaben des Mahles das Erste waren, was an dem Tag zu sich genommen wurde. In der Kirche war die Stimmung feierlich. Auf die Aufforderung des Pfarrers, nach vorne zu treten, kamen wir in kleinen Gruppen. Wir knieten auf den Kniebänken um den Altar – und mein Blick war nach unten gerichtet. So wartete ich mit einiger Nervosität auf das, was kam. Der Pfarrer teilte eine Hostie aus, die – so die Anweisung – möglichst nicht berührt werden sollte. Also bekam ich sie direkt in den Mund gelegt – eine merkwürdige Art der Fütterung eines vierzehnjährigen Konfirmanden (wobei man mir durchaus sagte, dass das theologisch schon sinnvoll sei: Es geht um die Gabe, die ich mir nicht selbst nehme!). Die Oblate war dann im Mund. Und meine Oma hatte mir den Trick verraten, dass ich mit der Oblate am besten so umgehen solle, dass ich sie mir an den Gaumen klebe, damit ich dann recht schnell bereit bin für den Schluck Wein, der gleich ge-

reicht wird. Denn Kauen war ausdrücklich verboten (wir kauen doch nicht auf dem Leib des Herrn herum!). Und irgendwie musste ich den Mund ja wieder frei haben für den Wein. Und so klebte mir die Oblate am Gaumen – und blieb da recht renitent kleben. Dann kam der Wein, und es folgte die Entlassung – und ich saß in der Bank und hatte damit zu tun, die Reste des Leibes des Herrn am Gaumen irgendwie wieder loszuwerden.

Ich weiß, dass ich das nun einigermaßen karikierend dargestellt habe. Dabei empfand ich das Ganze zwar schon als komisch, aber doch auch als sehr besonders. Es war ein heiliges Erleben, das ich zwar nicht allzu oft brauchte, aber gelegentlich doch gerne mochte (meine Oma meinte immer, zweimal im Jahr würde ausreichen, denn so viel könne sie auf ihrem Dorf gar nicht sündigen, dass sie da öfter hingehen müsste).

2. Die zweite Geschichte, die ich erzähle, trägt den Titel: *Eine nicht nur kulinarische Dekadenzgeschichte*. Ein anderer könnte diese Geschichte weitaus besser erzählen. Der Erlanger Kirchengeschichtler Anselm Schubert hat ein überaus lehrreiches und unterhaltsames Buch zum Abendmahl geschrieben mit dem Titel *Gott essen* (Schubert 2018). Die einigermaßen geniale Idee dieses Buches lautet: Die komplexe Geschichte des Abendmahls und seiner Transformation lässt sich ziemlich präzise wahrnehmen, wenn wir auf das ganz Konkrete blicken: auf das Essen und Trinken. Dabei zeigen sich Aspekte, die leider doch eine Art Dekadenzgeschichte des christlichen Mahles erkennen lassen (dazu auch Grethlein 2015, S. 21–72).

Ganz am Anfang war die Ausführung des Befehls Jesu »Solches tut zu meinem Gedächtnis« mit einem »richtigen« Essen verbunden, einem Sättigungsmahl. Das Herrenmahl und die Mahlzeit verbanden sich. Doch das änderte sich sehr früh: Eine erste Spur ist bereits im ältesten vorhandenen Text zum Mahl greifbar, dem ersten Korintherbrief des Apostels Paulus (aus dem ich bereits zitiert habe). Paulus nämlich beobachtet um das Jahr 55 Missstände in der Feier des Mahles in der Gemeinde von Korinth. Da kommen die Reichen der Gemeinde zusammen – irgendwann im Laufe des Tages. Sie bringen ihr Essen mit: lecker und reichlich. Und fangen schon mal an. Wenn dann die Armen nach der Arbeit kommen, ist von dem guten Essen nichts mehr da und die Fülle des Mahles nicht mehr zu schmecken. Es kommt zu Trennungen am Tisch des Herrn, die Paulus nicht nur problematisch findet, sondern als einen echten Skandal.

Aufgrund solcher und ähnlicher Erfahrungen wurden Sättigungsmahl und Herrenmahl mehr und mehr getrennt und das Herrenmahl wurde symbolisch reduziert – bereits im zweiten Jahrhundert. Wobei freilich die Frage, was man denn zum Herrenmahl nun essen und trinken sollte, über eine gewisse Zeit hinweg flexibel blieb. Klar: Brot und Wein gehörten fast überall dazu. Aber es gab auch asketische Strömungen, die lieber Wasser statt Wein reichten. Und es gab Abendmahlsfeiern mit Brot und Fisch. Sie erinnerten eher an die Mahlzeiten, die Jesus während seiner Lebenstage gehalten hatte, als an das letzte Mahl mit den Jüngern in Jerusalem. Auch Käse und Oliven wurden teilweise gereicht (so auch Wucherpfennig 2021, S. 21). Und auch Milch und Honig, die Zeichen des gelobten Landes und der eschatologischen Vollendung, spielten bei manchen Mahlfeiern eine Rolle.

Übrigens wurden für das Mahl auch sehr bald Zugangsbeschränkungen formuliert.[1] Das Herrenmahl wird nicht etwa in einer Logik der Öffnung erkennbar, sondern wird Teil einer Exklusionslogik. Gleichzeitig werden im Umgang mit dem Herrenmahl liturgische Rollen festgelegt, wofür man das Etikett »Klerikalisierung« verwenden könnte. Dies geht einher mit der Fixierung der Texte, die in der Liturgie des Abendmahls verwendet werden sollten und durften. Sie erfolgte früher als in anderen Teilen des Gottesdienstes. Aus dem gemeinsamen Essen und Trinken, das den Alltag mit der Feier des Herrenmahls verband, wurde ein symbolisch extrem reduziertes, kirchlich zunehmend normiertes Ritual – mit all den Chancen, die das bot, und all den Problemen.

Das Herrenmahl wurde infolge dieser Entwicklung zunehmend aus seiner Verbindung mit dem Alltag entfernt. Damit einher ging auch, dass das Mahl mehr und mehr in der Logik der Gott-Mensch-Relation bedacht wurde. Die Horizontale, die Feier von Menschen miteinander am Tisch des Herrn, trat in den Hintergrund. Bald wurde auch der Begriff des »Opfers« für das Mahl eingeführt, zum ersten Mal schon bei Cyprian von Karthago in der ersten Hälfte des 3. Jahrhunderts. Es ging um die unblutige Wiederholung des Opfers, das Christus am Kreuz von Golgatha gebracht hat. Im Mittelalter wurde diese Logik immer weiter ausgebaut, womit generell die Bedeutung des gemeinsamen Essens und Trinkens der Gemeinde zurücktrat. Bedeutend war das, was der Priester am Altar tat – stellvertretend für die Gemeinde.

Damit einher ging eine zunehmende Konzentration auf die »Elemente«. Die Frage, wie genau Brot und Wein mit Leib und Blut Christi zu tun haben, beschäftigte die Theologen. Im 13. Jahrhundert wurde die Transsubstantiationslehre fixiert – und mit ihr die reale, faktische, ontologische Leibwerdung des Brotes und Blutwerdung des Weines, obwohl die »forma« der Abendmahlselemente sichtbar, schmeckbar die alte und gleiche blieb. Wenn das aber so ist, wenn wirklich, wahrhaftig und ontologisch Leib und Blut Christi »vorhanden« sind, dann war spätestens jetzt klar, dass übliches Brot nicht tauglich ist. Es wäre unvorstellbar, den Leib Christi irgendwie zu zerbröseln – und was soll mit Brocken des Leibes Christi geschehen, die unbedacht zur Erde fallen? Spätestens jetzt wurde die Hostie zur Regelform – eine Entwicklung, die sich schon länger abzeichnete und mit der Reinheit der Opfergabe verbunden war.

Für die feiernde Gemeinde verband sich eine zunehmende Scheu mit dem Mahl – und es war keineswegs nur eine Inszenierung kirchlicher Macht, dass der Kelch den sogenannten Laien mehr und mehr vorenthalten wurde, sondern entsprach durchaus auch dem Wunsch vieler Feiernder, die lieber nicht mit dem Blut Christi in Berührung kommen wollten. Die Schaufrömmigkeit des Mittelalters wurde prägend. Es genügte den meisten und meistens, nur zuzusehen, was der Priester heilsam und heilvoll für alle anderen am Altar vollzog.

Das war freilich für die Reformatoren nicht mehr genug. Die lutherische Reformation bemühte sich darum, dass die Gemeinde regelmäßig Abendmahl feierte und an Brot *und* Wein teilhatte – was gar nicht von allen immer gewünscht war (zu sehr hatte sich eine gewisse Scheu vor dem Mahl erhalten, und augenscheinlich sahen auch viele Evangelische nicht die Notwendigkeit, so häufig zum Mahl zu gehen). Eine wirkliche Veränderung der Art und Weise der Elemente brachte die lutherische Reformation eher nicht. Die Schweizer Reformation hingegen ging zunehmend wieder zu üblichem, alltäglichem Brot über – und verband so erneut das alltägliche Essen mit dem Nachtmahl Jesu. Freilich verwandelte sich das Abendmahl oder Nachtmahl erneut und wurde in die leitende theologische Logik der Reformation eingefügt. Es ging – wie bei uns in Nordostoberfranken – letztlich um einen Akt von Buße und Beichte, um ein Geschehen individueller Soteriologie.

Kulinarisch ließe sich nun viel erzählen: von dem Essen und Trinken im hohen Norden Europas (wo es keinen Wein gab) oder in den amerikanischen Kolonien (wo Wein ebenfalls nicht leicht zu beschaffen war, aber auch Weizenbrot bzw. Hostien nicht zu bekommen waren), von der Abstinenzbewegung im 19. Jahrhundert, die Traubensaft statt Wein wollte, oder von einer Aktion der *Süddeutschen Zeitung* im Jahr 1997, die Abendmahlsweine von einem Sommelier des Restaurants Tantris testen ließ. Dieser kam etwa zu folgenden Ergebnissen: »Münster: Nase nicht ganz sauber mit wenig Aroma, verhaltener Duft, wirkt tot, fettig und dumpf.« Oder Würzburg: »Rosinig, fett, breit, überlagert. Bitter im Abgang. Ich bedaure den Pfarrer, der das trinken muss« (zitiert nach: Schubert 2018, S. 11). Es zeigt sich: Das Schmecken der Freundlichkeit des Herrn bleibt eine Herausforderung – nicht nur kulinarisch.

3. Die dritte Geschichte ist ganz kurz und trägt den Titel: *Es ändert sich ständig und bleibt doch dasselbe?* Das Fragezeichen am Ende ist wichtig. Als Jesus zu seinen Jüngern am Abend vor seinem Tod sagte: »Solches tut [, sooft ihr's trinket,] zu meinem Gedächtnis«[2], setzte er eine Fülle unterschiedlicher Praktiken und theologischer

Logiken in Gang (und irgendwie braucht es auch eine Menge göttlichen Humors, um die unterschiedlichen Feierformen, theologischen Logiken und Abgrenzungen, Streitigkeiten und Verurteilungen zu ertragen, die sich daraus ergeben haben). Man kann sie als Verfallsgeschichte lesen, bei der eine Gemeinschaft von Menschen am Anfang steht, die miteinander essen und trinken, und in, mit

Abb. 1: Altarbild der evangelischen Kirche in Olbernhau

und unter diesen alltäglichen Vollzügen Gemeinschaft des Leibes und Blutes Christi erfahren. Dies hat sich dann auf dem Weg zur mittelalterlichen Kirche in ein ritualisiertes, hierarchisiertes, theologisch verengtes Opfermahl und später reformatorisch in ein individuell-soteriologisches Geschehen verwandelt (so tendenziell Grethlein 2015, S. 21–106). Diese Sicht hat ihre Berechtigung; dennoch lässt sich im Rückblick auch entdecken, dass und wie Christ:innen zu unterschiedlichen Zeiten und in unterschiedlichen Kontexten und Herausforderungen immer neu auf die Worte Jesu hörten und fragten, was zu ihrer Zeit eine angemessene Praxis des Mahles sein könnte, damit das geschehen kann, was jenseits aller Machbarkeit liegt, aber die Verheißung des Mahles bestimmt.

Das Abendmahl hat sich seit zweitausend Jahren beständig gewandelt – und ist doch in all den Wandlungen dasselbe geblieben. So könnte man das auch formulieren, und damit philosophisch an Søren Kierkegaards Begriff der »Wiederholung« denken, der für ihn gerade darin seine Pointe hatte, dass es um Veränderung und Wandlung geht, in der die Identität wahrgenommen wird (Kierkegaard 2010). Oder an die Denkfigur von »Differenz und Wiederholung« des französischen Philosophen Gilles Deleuze (2007). Ich entdecke diese Wahrnehmung aber auch in zahlreichen sogenannten Reformations- bzw. Konfessionsbildern – wie etwa der Darstellung, die sich in Olbernhau (Sachsen) findet (S. 161).[3]

Die Darstellung zeigt in der oberen Bildhälfte das Ursprungsmahl, und ganz anders sieht das Mahl in der unteren Hälfte aus, das heute und jetzt gefeiert wird – und doch steht es in unmittelbarer Verbindung zu seinem Ursprung und »wieder-holt« diesen in anderer Zeit und Situation. In dieser Perspektive wäre es möglich, die unterschiedlichen Logiken, die das Mahl prägen und prägten, nicht als Problem, sondern als plurale Entfaltung und beständige Kontextualisierung eines Ursprungsimpulses zu verstehen, als Hinweis auf beständigen Ritualwandel und laufende Transformation.

4. Meine vierte und letzte Geschichte vom Abendmahl trägt den Titel: *Abendmahlsbegeisterung oder fortgesetzte Appetitlosigkeit am*

Tisch des Herrn? Im Blick auf die evangelische Kirche habe ich immer wieder behauptet, es habe in den vergangenen ca. vierzig Jahren eine evangelische Abendmahlsbewegung gegeben. Spätestens seit dem Nürnberger Kirchentag 1979 mit seinem »Forum Abendmahl« wurde das Mahl neu entdeckt. Es gab einen kräftigen Impuls, es öfter zu feiern und aus seiner dominanten Logik individueller Soteriologie zu befreien. Fast flächendeckend wurden die Kniebänke entfernt; vor Corona war die Regelform die Austeilung in einem Kreis um den Altar oder einem Halbkreis. Selbstverständlich nehmen Menschen das Brot und den Kelch in die Hand. Immer wieder einmal (aber sicher nicht flächendeckend) wurde auch »richtiges Brot« verwendet, so dass wenigstens ein gewisser kulinarischer Aufbruch durchaus zu verzeichnen ist.

Aber schon vor Corona zeigten empirische Untersuchungen, dass es keineswegs eine allgemeine evangelische Begeisterung gibt. Nicht wenige sagen von sich, sie gingen lieber in den Gottesdienst, wenn sie wissen, dass *kein* Abendmahl gefeiert wird. Nicht wenige sagen, sie hätten ihre Mühe damit, nach vorne zu kommen und dann in einem Kreis zu stehen und nicht so genau zu wissen, was man jetzt richtigerweise tun solle. Immer wieder verweisen Menschen darauf, dass vor allem die eingeforderten Zeichen der Vergemeinschaftung Probleme bereiten: den anderen die Hand zu geben. Da sei es dann schon wichtig, meint jemand, wer neben ihm stehe. Denn oft habe er da irgendwelche verschwitzten Hände in der Hand, wenn die Pfarrerin zur Patschehändchenaktion auffordere. Eine in spezifischer Weise verordnete Leiblichkeit der Darstellung von Gemeinschaft kann zu Exklusionserfahrungen führen (Deeg 2020).

Und dann kam Corona. Und es zeigte sich, dass die Mehrzahl der Evangelischen in unserem Land auch ohne Abendmahl ganz gut leben kann, dass eine kleinere Gruppe aber das Abendmahl unbedingt vermisst. Manche feierten digital, andere feierten gar nicht. Und ich frage mich, ob die Unterbrechung gewohnter Feierformen nicht auch interessant oder sogar heilsam sein könnte. Manche Selbstverständlichkeit und Konventionalität existiert nicht mehr. Die Frage nach dem, was wir da eigentlich tun, was wir essen und trinken oder wie leiblich das Geschehen nun eigentlich ist, könnte sich neu stellen.

Nach diesen vier Geschichten gehe ich einen auf den ersten Blick merkwürdigen Weg, um weiter über das Abendmahl nachzudenken: Das Abendmahl ist ein spezifisches Totenmahl, ein Leichenschmaus, eine Leichenspeis, ein Leichenmahl oder Leichentrunk oder Leidmahl, ein Traueressen, Trauerbrot oder Tränenbrot, ein Leichenim(b)s, eine Zehrung oder Gräbt (die Bezeichnungen sind regional überaus verschieden).

2. Der Leichenschmaus – eine kleine Kulturgeschichte

Angesichts der immensen Verbreitung von Totenmählern und Leichenessen ist es doch erstaunlich, wie wenig der Leichenschmaus reflektiert und erforscht wird.[4] Im Kontext der Praktischen Theologie wurde und wird sehr viel über Beerdigung und über Rituale im Umkreis des Todes nachgedacht. Aber nicht wenige Darstellungen beschränken sich auf die klassischen drei Aspekte eines christlichen Beerdigungsrituals: Aussegnung (wo es diese denn noch gibt), Gottesdienst zur Bestattung (in welcher Form auch immer) und Beisetzung (exemplarisch Klie 2018). Mit der Grablegung des Sarges bzw. der Urne endet der »offizielle« Teil und endet das Interesse der Darstellung. Doch augenscheinlich haben Menschen – quer durch die Zeiten – ein Gespür dafür, dass eine Beerdigung nicht mit der Grablegung beendet sein kann. Das Übergangsritual, das eine Beerdigung ist (in der klassischen Bestimmung von Arnold van Gennep [2005]), endet nicht am Grab, sondern braucht einen Abschluss, der über das Grab hinausgeht und der die veränderte Reintegration in den sozialen Kontext bedeutet.

In Dänemark wurde in den vergangenen Jahren eine empirische Studie durchgeführt, bei der Menschen zu ihren eigenen Vorstellungen im Blick auf das eigene Sterben und die eigene Beerdigung befragt wurden. Es zeigte sich, dass sich die Menschen eher selten über die konkrete Gestaltung der Beerdigungsfeier, über Lieder, Sarggestaltung etc. Gedanken machen. Sehr viele aber machen sich konkrete Gedanken über das Essen und Trinken der Hinterbliebenen danach, das für sie unbedingt dazugehört und für das sie teilweise schon konkrete Arrangements getroffen haben oder treffen.[5]

Auch vom Leichenschmaus lassen sich unterschiedliche Geschichten erzählen. Ich stelle auch hier *vier Erzählungen* vor, die keineswegs das ganze Feld abdecken, aber vielleicht doch einen Blick auf das Phänomen ermöglichen.

1. Auch beim Thema »Leichenschmaus« setze ich mit meiner privaten Geschichte ein, die allerdings nicht so schrecklich spektakulär ist. Es ist die Geschichte eines eigentümlichen Befremdens und vielfacher wirklich guter Erfahrungen. Ich weiß nicht mehr, in welchem Alter mich das Befremden einholte. Aber ich erinnere mich noch an den Moment, als mir das Wort »Leichenschmaus«, wie man bei uns in Oberfranken die Praxis nannte, nach dem kirchlichen Begräbnis noch ins neben der Kirche gelegene Wirtshaus zu gehen, als absolut befremdlich auffiel. Die unmittelbar-kannibalistische Assoziation, die der Begriff freisetzt (oder freisetzen kann), stand mir plötzlich noch lebhaft vor Augen.

Verbunden ist der Leichenschmaus freilich auch mit Erinnerungen an die eine oder andere Beerdigung, die ich damals im Dorf miterleben konnte und die ich durchaus als positiv empfand. Das mir sehr bekannte Wirtshaus (zugleich die Metzgerei des Dorfes) vermittelte ohnehin eine Atmosphäre von Vertrautheit. Dass das halbe Dorf nun zusammensaß, Kaffee trank und Kuchen aß, sich unterhielt, empfand ich als beruhigende Rückkehr in eine Normalität, die während der Beerdigungsfeier unterbrochen war. Dass auch der Pfarrer mit dabei war und in einer anderen Rolle erschien, war ebenfalls angenehm. Zu essen übrigens gab es eher Rituelles: den typischen oberfränkischen Blechkuchen. Manchmal – je nachdem, wann die Trauerfeier und Beerdigung stattfand, auch Würste mit Kraut. Für alle war klar, was da aufgetischt wurde. Der Leichenschmaus in Oberfranken hatte in dieser Hinsicht (ich weiß allerdings nicht, wie pauschal diese These stimmt) etwas Egalitäres und auch in dieser Perspektive sozial Verbindendes.

2. Die zweite Geschichte ist ein überaus episodischer kulturgeschichtlicher Blick auf das Phänomen. Nur ein wenig verallgemeinernd lässt sich ja sagen: Totenmähler gab und gibt es als zeiten- und kulturenübergreifendes Phänomen. »Es scheint einen unauflöslichen Zusammenhang zwischen Essen und Trauern zu geben. Kaum eine Kultur der Menschheit hat je auf das Essen verzichtet, wenn es darum ging, von einem Toten Abschied zu nehmen« (Volp 2002, S. 214).

Im Judentum berichtet der talmudische Traktat *Moed Qatan* davon, dass Menschen, die einem verstorbenen Menschen nahestanden, Speisen und Getränke ins Trauerhaus brachten und dass diese dort wohl auch verzehrt wurden (ebd., S. 38). Die gegenwärtige jüdische Praxis des Schiva-Sitzens, also: die trauernde Familie sieben Tage nicht allein zu lassen, sondern mit ihr zu sitzen und auch zu essen und trinken, hat hier ihre Wurzeln.

Im römischen und griechischen Bereich folgte auf die Bestattung ganz selbstverständlich ein gemeinsam eingenommenes Essen, wobei Ulrich Volp in seiner umfassenden Studie zu *Tod und Ritual in den christlichen Gemeinden der Antike* auf den Satiriker Hegesipp hinweist, der meint, die Gäste einer Bestattung hätten häufig »ausschließlich am anschließenden Essen Interesse« (ebd., S. 60).

Hinzu kamen dann die Totengedenken – im griechischen Kontext u. a. am neunten Tag nach dem Tod, am dreißigsten und am Jahrestag entweder des Todes oder am Geburtstag des oder der Verstorbenen (ebd., S. 61). Wer es sich leisten konnte, legte Grabstätten bereits so an, dass sie »Platz für ausführliche gemeinsame Mahlzeiten« boten (ebd., S. 77) – teilweise sogar mit Kochgelegenheiten. Die St.-Paulus-Katakombe auf Malta zeigt bis heute einen halbrunden Tisch für die Speise in unmittelbarer Nähe der Gräber. Wo es keinen Platz zum Essen in der Katakombe selbst gab, diente die Umgebung der Katakombe als Ort für die gemeinsamen Mahlzeiten (wie archäologische Spuren teilweise noch zeigen). Es gibt Grabplatten, die so gestaltet sind, dass die gemeinsame Totenspeise eine Rolle spielt, und die zeigen, was es zu essen gab: Fische, Brot, Kuchen, Eier.

Der oder die Verstorbene wurde im Mahl als gegenwärtig wahrgenommen. Tertullian meinte, dass die Toten »gleichsam gegenwärtig« seien und »mit zu Tische sitzen« (Oexle 1984, S. 405). Der Kulturanthropologe Arnold van Gennep warnte allerdings davor, diese Gemeinschaft zu romantisieren. Vielmehr hätten diese Mähler immer auch einen apotropäischen Charakter gehabt und so die Ambivalenz der Lebenden im Umgang mit dem Tod ausgedrückt. Der Tote erhält – von den Lebenden eingeräumt – Gelegenheit, sich an ihrem Leben zu beteiligen; diese Gelegenheit bleibt aber begrenzt. Der Wunsch, dass die Toten die Lebenden ansonsten in Ruhe lassen, gehöre zu dieser Praxis hinzu (ebd., S. 407–415).

In der Katakombe von Marcellinus und Petrus in Rom finden sich zahlreiche Darstellungen von Totenmählern, die zum Ausdruck bringen, wie die Lebenden und die Toten im Mahl vereint sind.

Bei all diesen Totenmählern handelt es sich um religiöse Feiern jenseits der offiziellen (Tempel-)Religion – also um eine Art Familienreligion (Volp 2002, S. 81). So wurden die Feiern dann auch im christlichen Kontext ganz selbstverständlich übernommen, wie wir teilweise aus den eher kritischen Worten der Kirchenväter wissen (wie überhaupt die Kritik an den Totenmählern eine der wesentlichen Quellen für deren Erforschung ist).[6]

3. In meiner dritten Geschichte blicke ich auf die ständig wiederholten Versuche von Autoritäten, regulierend auf die Praxis der Totenmähler einzuwirken, sie zu kontrollieren und in ihrem Sinn zu verändern oder abzuschaffen – regulierende Einflussnahme, die vielfach wirkungslos blieb. Die Praxis des Leichenmahles erwies sich als stärker als die Versuche ihrer Kontrolle.

Dabei hatten solche regulierenden Eingriffe keineswegs immer (oder eher seltener) das Ziel, den Leichenschmaus zu unterbinden, als vielmehr das Ziel, ihn nicht ausarten zu lassen oder ihn in Bahnen zu lenken, die positiv beurteilt wurden – also z. B. an die Armen zu denken und ihnen etwas abzugeben.

Gewisse Ausschweifungen und Übertreibungen gehören zur Geschichte der Totenmähler hinzu – vielleicht, weil Hinterbliebene zeigen wollten, wozu sie finanziell fähig und in der Lage sind, vielleicht auch, weil gerade im Angesicht des Todes der rauschhafte Exzess des Genusses eine Rolle spielt. Bereits Josephus berichtet im ersten Jahrhundert und im jüdischen Kontext davon, dass Totenmähler, die aufwändig gestaltet werden mussten, nicht wenige in den finanziellen Ruin gestürzt hätten (ebd., S. 38).

Und im 18. Jahrhundert wurde eine durchaus eindrucksvolle Liste der Speisen veröffentlicht, die bei einem adeligen Begräbnis aus der Mitte des 17. Jahrhunderts aufgetischt wurden, wobei der Leichenschmaus sich über zwei Tage erstreckte (18. und 19. April 1655). Derjenige, der die Quelle aus den Begräbnisakten anführt, teilt auch noch mit, dass es sich um einen verarmten Adeligen gehandelt habe. Die folgende Liste zeigt nur das Mittagessen des zweiten Tages mit erster und zweiter »Tracht« sowie »Confect« (*Beyspiel eines adelichen Leichenschmauses aus dem vorigen Jahrhunderte*, 1791, S. 91–93):

»I) Adelicher Tisch. Erstere Tracht: 1) Suppen. 2) Rindfleisch. 3) Alte Hüner gesotten. 4) Reißbrey. 5) Piphan. 6) Karpfen blau gesotten. 7) Pasteten. 8) Mandeltorten. 9) Forellen. 10) Lammsbraten. 11) Hasen. 12) Süßgemüs. 13) Gebackenes Zwie- oder Spritzgebackenes. Andere Tracht: 14) Kalbskopf. 15) Gespikte Leber. 16) Spanschweinlein. 17) Hecht. 18) Blaukohl, darunter Tauben oder Lammsfleisch. 19) Kalbsbries (oder Kälberbröschen oder Kalbsmilch). 20) Morcheln. 21) Junge gebratene Hüner. 22) Ein Essen von einer Eyermilch. 23) Ruppen in einer Erbsbrühe. 24) Torten. 25) Gebackenes. 26) Kälber-Nierenbraten. Confect: Schalen 1 – Äpfel. 1 – Holländischer Käs. 4 – mit Zucker. 1 – große Rosinen. 1 – kleine Rosinen. 1 – Mandeln. 1 – Zwiegebacke-

nes. 1 – Johannisbrod. 1 Schalen Muscatenbrod. 1 – Schaaf-
käs und frische Butter. 1 – Kuchen. 1 – Citronen. 1 – Pome-
ranzen. 1 – Capern. 1 – Eßig. 1 – Trisonet. 1 – Lemonien.«

Das war, um es nochmals zu sagen, nur *eine* Mahlzeit – und nur
der adelige Tisch. Es gab weitere Mahlzeiten und weitere Tische –
u. a. für die Geistlichen (mit etwas weniger Essen), für die Lehrer
(noch weniger) und für das Gesinde (deutlich weniger!). In der
Quelle, die etwa hundert Jahre später veröffentlicht wurde, heißt es
dann übrigens – und ein wenig bedauernd –: »Wirklich kamen die
Herren Landgeistlichen, die doch auch einen guten geprüften
Magen zu haben pflegen, bey diesem Schmause, gegen die adeliche
Gesellschaft genommen, sehr kurz weg« (ebd.).
    Die soziale Stufung der Gesellschaft zeigt sich auch im Leichen-
schmaus – und es ist wohl keine Frage, dass der Leichenschmaus
auch einen kompetitiven Charakter hatte –, eine These, die Brian
Hayden im Blick auf die Geschichte des Leichenschmauses betont:
Er sieht darin in vielen Kulturen ein kompetitives Element: Erfolg
und Reichtum der Überlebenden werden inszeniert (Hayden 2009).
    Bereits die Kirchenväter rufen zu »Mäßigung und Bescheiden-
heit« auf (Volp 2002, S. 215); teilweise raten sie eher zu geistlichen
Übungen, wie etwa Johannes Chrysosthomus. In Mailand ver-
suchten Augustin und Ambrosius gegen die Praxis der Totenmähler vorzugehen, wobei Augustin durchaus um die Bedeutung der
Rituale für die Hinterbliebenen wusste. Er erlaubte, Speisen mit an
die Gräber zu bringen, verbot aber, dass man sie dort aß; vielmehr
sollten sie an die Armen verteilt werden (ebd., S. 235), um »unmä-
ßige und sittenlose Feste mit Trunkenheit und Ausschreitungen«
(ebd., S. 236) zu unterbinden. Im Jahr 393 beschloss die Synode
von Hippo ein Verbot von Totenspeisungen – allerdings nur mit
begrenztem Erfolg (ebd., S. 236).
    Aber die Linie zieht sich durch die Alte Kirche weiter bis in die
Gegenwart. Das zeigt viel später etwa auch die Tübinger Leichen-
ordnung aus dem Jahr 1784, in deren § 25 es heißt: »Alle weiteren
Mißbräuche, als wohin Malzeiten und Zechen der Träger und an-

derer Personen ... die Abgaben an Wein, Brot, Käs für Träger und andere Personen zu rechnen sind, sollen hiermit gänzlich abgetan und verbotten seyn« (zit. bei Freybe 1909, S. 60).

Immer wieder stehen Pfarrer:innen vor der Frage, ob sie – sofern sie denn eingeladen werden – zum Leichenschmaus mitgehen oder diese Praxis lieber meiden sollen. Vor gut hundert Jahren entstand eines der wenigen Bücher zum Leichenschmaus und seiner Geschichte und Praxis: Albert Freybes Buch mit dem Titel *Das alte deutsche Leichenmal in seiner Art und Entartung* (1909). Sein Ziel ist es, den Pfarrern seiner Zeit zu zeigen, wie bedeutend die Anknüpfung an die »Sitte« ist – wir würden heute vielleicht sagen: an Praktiken und Gebräuche – und wie wenig es bringt, wenn sich Kirche als eine Einrichtung versteht, die sich gegen die Sitten stellt. Problematisch bei Freybe ist freilich – und da ist er ganz Kind eines Mainstreams seiner Zeit –, dass es ihm um die Sitten des *deutschen* Volkes geht und um die Notwendigkeit der Kirche, an das deutsche Volk mit seinen germanischen Wurzeln den Anschluss zu finden und zu halten (die unselige Verbindung von evangelischer Kirche und deutschem Nationalismus sowie völkischem Denken zeigt sich auch hier – und das ausgerechnet bei einem Thema, bei dem letztlich auch Freybe klar war, wie wenig es beim Leichenmahl und Leichenschmaus um eine »deutsche« Tradition geht). Auf keinen Fall dürften die Pfarrer das Leichenmahl beseitigen wollen, gar noch in ihrem Bestreben, Religion als etwas Individuelles zu beschreiben, jenseits der Gemeinschaft. Dies wird deutlich, wenn es heißt: »[...] die Kirche wird ohne die Pflege der Sitte nicht in das Volkleben eindringen, sondern eine Pastorenkirche auf einsamer Höhe sein, die Sitte aber ohne die Pflege der Kirche entarten und verwildern« (ebd., S. 14).

Freybe verweist auf die Verbindung von Allerseelen (im 11. Jahrhundert eingeführt) mit anderen Praktiken des jährlichen Totengedenkens. Traditionelle Speisen für diesen Tag sind als Rezepte bis heute überliefert – etwa Totenbeinli (die in ihrer Form an Schenkel bzw. Knochen erinnern sollen) oder Seelen/Seelzöpfe/Seelwecken (die ebenfalls einen Knochen symbolisieren sollen).

170

4. Eine letzte Geschichte ist sehr kurz erzählt, weil sie wenig bis gar nicht erforscht ist: die Geschichte der Verbindung von Abendmahl und Leichenschmaus bzw. Totenmahl. In der Literatur begegnet diese Verbindung spärlich, erscheint aber z. B. in den apokryphen Johannesakten: An den Gräbern werde das Brot gebrochen, so heißt es hier, allerdings am Tag nach der Beerdigung (Volp 2002, S. 220f.). Der Begriff »Brot brechen« schillert; einerseits wird er seit dem Neuen Testament auch für das Herrenmahl verwendet; er kann aber auch für das »ganz normale« gemeinsame Essen und Trinken stehen. Ulrich Volp geht jedenfalls davon aus, dass sich im christlichen Kontext die Totengedenkmähler mit der Eucharistie verbanden und so einen christlichen Charakter erhielten (ebd., S. 225).

Diese Verbindung scheint mir interessant – und es könnte sein, dass durch die früh einsetzenden kirchlichen Versuche der Normierung und Regulierung dieser Mähler die alte Verbindung unterbrochen wurde und man sich damit die Chance nahm, Totenmahl und Eucharistie, damit aber auch familiäre und kirchliche Religion miteinander in Beziehung zu setzen – vielleicht aus Angst vor dem Verlust der Deutungsmacht über das Geschehen.

Ein später Hinweis auf die Verbindung zeigt sich in einer Tradition der Siebenbürger Sachsen, wo das Tränenbrot (wie dort der Leichenschmaus heißt) traditionell mit Brot und Wein begangen wird und so an ein Abendmahl erinnert.

Nach diesen vier Geschichten stellt sich die Frage: Warum eigentlich erwies und erweist sich der Leichenschmaus als so bedeutsam? Entscheidend scheint mir die Einsicht, dass das Übergangsritual Beerdigung einen Abschluss braucht – und dieser ist nur dann gegeben, wenn sich der Sozialkontext neu verbindet und die soziale Gemeinschaft nun *ohne* den verstorbenen Menschen, aber mit all den anderen konstituiert wird. Es ist vor diesem Hintergrund meines Erachtens durchaus problematisch, wenn Trauerfeiern heute (wenigstens in den Städten) immer weiter entfernt vom Sterbedatum begangen werden. Und auch die Tatsache, dass in überwiegen-

171

der Mehrheit keine Erdbestattungen mehr gefeiert werden, sondern der Leichnam kremiert und die Urne dann häufig in großem zeitlichen Abstand beerdigt wird, erscheint nicht unproblematisch: Das Ritual zieht sich in die Länge und funktioniert unter Umständen nicht mehr. Wenn Rituale nach Victor Turner in einen Bereich des Dazwischen führen, der Liminalität, *betwixt and between*, dann wird das im Leichenschmaus besonders deutlich: Er steht auf der Schwelle – zurück ins »Leben« (Benzing 2007).

Häufig noch intensiver als bei der Beerdigung und der dortigen Ansprache kann es beim Leichenschmaus gelingen, das Leben des oder der Verstorbenen noch einmal zur Geltung zu bringen und dabei die Ambivalenzen hörbar zu machen. Was der Pfarrer oder die Pfarrerin am Grab verschwieg (oder gar nicht wusste oder wissen durfte), kann nun gesagt werden. Der oder die Verstorbene wird Teil einer Erzählgemeinschaft.

Gleichzeitig werden alle, die teilnehmen, von einer individuellen Sprachfindung angesichts des Todes entlastet. Für viele ist es nicht leicht, nach einem Todesfall die passenden Worte für die Hinterbliebenen zu finden. Ein Leichenschmaus hat für die Gemeinschaft der Versammelten die entlastende Wirkung, dass diese Worte nicht mehr gesagt werden müssen, weil sich die soziale Gemeinschaft ja bereits neu konstituiert hat.

Der soziale Aspekt, der im Leichenschmaus Darstellung findet, verbindet sich zugleich mit dem individuellen. Jeder Todesfall, jede Beerdigung erinnert diejenigen, die davon mitbekommen oder beteiligt sind, an die eigene Vergänglichkeit. Lasst uns essen und trinken, denn noch sind *wir* am Leben – das ist zweifellos ein Aspekt, der dazugehört. Und ein Aspekt, der die christliche Auferstehungshoffnung, die während der Beerdigung artikuliert wurde, nochmals neu, anders und alltäglich erfahrbar macht. Vergänglichkeit und Genuss verbinden sich – und der Standardsatz, dass das Leben weitergeht oder weitergehen muss, wird als gemeinsame Praxis gestaltet.

Übrigens geht das Leben durchaus auch so weiter, dass derer gedacht wird, die bedürftig oder jedenfalls jetzt nicht dabei sind.

Der Kuchen in meiner oberfränkischen Heimat wurde auch denen gebracht, die – z. B. wegen Krankheit oder Alter – nicht kommen konnten.

3. Exkurs: Día de Muertos – Mexikos Totengedächtnismähler und ihre emotionale Ambiguität

2003 bezeichnete die Unesco eine Praxis jährlich wiederkehrender Totenmähler und umfassender Totengedächtnisrituale als Meisterwerk des mündlichen und immateriellen Erbes der Menschheit; 2008 nahm sie diese in die Repräsentative Liste des immateriellen Kulturerbes der Menschheit auf. Die Rede ist von der *Día de Muertos* in vielen Teilen Mexikos, vom »Tag der Toten«, eigentlich von einigen Tagen, die deshalb im Kontext dieses Aufsatzes faszinierend erscheinen, weil sie einerseits etwas von der Vergegenwärtigung der Verstorbenen zeigen und andererseits die emotionale Polarität spiegeln, die zu diesen Feiern, zu diesen Tagen gehört.

I. Vergegenwärtigung der Verstorbenen

Dort, wo der »Tag der Toten« begangen wird, prägt er die zweite Oktoberhälfte und den beginnenden November. Die Praktiken sind vielfältig, das Brauchtum so reich, dass es inzwischen zahlreiche Bücher und Untersuchungen dazu gibt (z. B. Decker 2020). In beinahe jedem Haus wird ein Totengabentisch aufgebaut, geschmückt mit sonnengelben Tagetes – einer Blume, die an die Sonne und das Leben erinnert und gleichzeitig in Mexiko den Tod in besonderer Weise symbolisiert. Auf dem Tisch liegt Totenbrot (Hefeweißbrot in Form von überkreuzten Knochen), darüber hinaus stehen dort Wasser, Salz, Mais, Kerzen, ggf. Fotos der Verstorbenen und häufig auch Genussmittel, die der oder die Verstorbene schätzte: Bier, die Lieblingszigarre, Zigaretten, ein Lieblingsessen.

Am 2.11., Allerseelen, kommen die Seelen der Verstorbenen zu Besuch, so der Glaube, und erfreuen sich an den Hausaltären. In der Nacht vom 1. auf den 2. November geht man aber auch zu ihnen auf die Friedhöfe und isst dort in ihrer Gegenwart die Lieblingsgerichte.

Teilweise wird im Vorfeld neun Tage lang ein weiteres Gedeck für den verstorbenen Menschen mit aufgedeckt; danach wird er mit Geklapper und Getöse vertrieben und erst zum nächsten Jahr wieder eingeladen. Es zeigt sich auch hier: Die Gegenwart der Seelen wird geschätzt – und doch limitiert. Es geht darum, mit den Seelen der Toten in Verbindung zu bleiben und sie sich doch vom Leib zu halten. Rituale im Umgang mit dem Tod haben immer auch apotropäische Funktion. Und so ist die Vergegenwärtigung auch im Kontext der *Día de Muertos* ein mindestens ambivalentes Phänomen.

2. Emotionale Ambiguität

Die Schriftstellerin Doris Dörrie hat sich intensiv mit der *Día de Muertos* beschäftigt. In einem Beitrag in der *Zeit* erzählt sie von einer eigenen Reise nach Mexiko im Umkreis des Totentages. Sie berichtet von den Feierlichkeiten, die sie miterlebt, und schreibt dann:

>»[Ich] begann mir einzureden, der Mexikaner habe ein viel lässigeres Verhältnis zum Tod als wir. Nee, hat er nicht. Er bemüht sich nur tapfer um eine andere, schwer nachzuahmende Haltung. Sie verbindet, was bei uns als unvereinbar gilt: Heiterkeit und tiefe Trauer. Wie soll man das als Deutsche hinkriegen? Ich habe süße Brötchen verschlungen, die mit Knochen verziert sind und *pan de muertos* heißen, habe meine Berufsgruppe als Skelettversion erstanden […]. Ich bin in ein U-Bahn-Abteil gestolpert, in dem nur Skelette saßen.«

Dörrie beschreibt, wie sich in den Symbolen und Praktiken des Tages die emotionale Ambivalenz spiegelt: der wohlschmeckend-süße Tod, die karnevaleske Heiterkeit der Skelette.

Auch in ihrem Roman *Das blaue Kleid* stellt Dörrie ausdrucksstark die Spannung von Ausgelassenheit und Melancholie dar, die den Tag eines der trauernden Protagonisten bestimmt.

»Nichts ist hier unbeschwert und lustig, das versteht er [Florian, einer der Trauernden] nur zu gut, sondern verzweifelt, traurig und melancholisch. Der Schmerz kommt immer klarer zum Vorschein, hart und schnell oder langsam und weich, je nach Musik. Ja, genau so fühlt sich seine Trauer an. Sie verändert ihr Gesicht, aber verläßt ihn nie. Hier packt man sie öffentlich bei den Hörnern, muß sich nicht mit ihr verstecken, weil sie als unattraktiv gilt, einen zum Ausgestoßenen macht« (Dörrie 2004, S. 163).

Es kann bei einer Wahrnehmung dieser Praxis nicht darum gehen, zum Import fremder Rituale aufzufordern. Aber ein Lernen von der anderen Tradition und ein neues Licht auf unseren aufgeklärt-leibfernen Umgang mit dem Tod erschiene mir durchaus interessant.

4. Das Abendmahl – Therapieprogramme im Dialog mit dem Leichenschmaus

Nach dieser knappen Umschau auf Leichenschmaus und Totenmähler, auf Totenschädel mit Zuckerguss und Tänze auf dem Friedhof blicke ich erneut auf das Abendmahl und deute an, was sich im Dialog mit dem Leichenschmaus zeigen könnte.[7] In insgesamt *sieben Thesen* führe ich mögliche Lernerträge vor Augen, und nenne das etwas zugespitzt eine Anregung zu Therapieprogrammen für eine immer wieder kritisierte Abendmahlspraxis.

I. Der Blick in die Kulturgeschichte und in die Gegenwart von Totenmählern bedeutet die Chance zu ökumenischen Lockerungsübungen am Tisch des Herrn.
Schmerzhaft ist die Trennung am Tisch des Herrn für viele Christenmenschen – ganz besonders für die, die in sogenannten konfessionsverschiedenen Ehen leben, aber auch für alle, die darum wissen, dass und wie das Herrenmahl Zeichen der Einheit sein soll

175

und sein muss (wenn es doch um den einen Leib Christi geht, wie bereits Paulus betont!) und genau das Gegenteil bewirkt hat und bewirkt. Es ist das vielleicht dysfunktionalste Symbol der Einheit in der Geschichte der Menschheit (Deeg 2020).

Sehr viele Menschen verwenden sehr viel Lebenszeit, sehr viel guten Willen, sehr viel Gedankenschärfe darauf, wie es gelingen kann, die am Tisch des Herrn gespaltene Christenheit wieder an einen Tisch zu führen. Der Ökumenische Arbeitskreis evangelischer und katholischer Theologen hat dazu vor zwei Jahren ein beachtliches Dokument vorgelegt: *Gemeinsam am Tisch des Herrn*. Es wurde aber sofort unterschiedlich rezipiert: Zustimmung von manchen, Kritik von anderen, vor allem aus dem Vatikan (Leppin 2021).

Vielleicht könnte der Blick auf die kulturgeschichtliche Dimension helfen, Verhakungen und Verspannungen im ökumenischen Diskurs zu lockern; Blicke auf die Geschichte und Gegenwart des Leichenschmauses könnten zu ökumenischen Lockerungsübungen am Tisch des Herrn werden. Dabei erscheint meines Erachtens besonders interessant, dass und wie sich der Leichenschmaus immer wieder dem Zugriff der Mächtigen entzogen hat. Es ist eine anthropologisch augenscheinlich so selbstverständliche Praxis, dass auch noch so intensive theologische bzw. kirchlich-regulative Eingriffe kaum etwas daran ändern konnten. Ist das eine Chance für das Abendmahl?

2. Leichenschmaus und Abendmahl sind nicht identisch, lassen sich aber in Analogie zueinander wahrnehmen – wenn es gut geht, hilft dies auch zum Verständnis des Abendmahls.

Die Theologien des Abendmahls, der Eucharistie, des Nachtmahls sind komplex – und das ist auch gar nicht anders möglich. In der Praxis aber zeigt sich, dass nicht wenige Menschen auch deshalb ihre Schwierigkeiten mit dem Abendmahl haben, weil sie nicht wirklich verstehen, was da geschieht, und weil die Teilnahme sie in eine Art kognitiv-praktische Dissonanz versetzt. Sie nehmen an einem Feiergeschehen teil, dessen »Sinn« sie selbst kaum oder gar nicht zur Sprache bringen können.

Der Leichenschmaus ist in dieser Situation *ein* Gesprächsange-
bot, das sich zur Veranschaulichung dessen, was im Abendmahl
geschieht, eignen könnte. Nein: Es ist nicht die einzige Deutung –
das wäre albern und lächerlich. Aber gerade wenn es um die Frage
nach der Gegenwart des oder der Verstorbenen geht, lässt sich vom
Leichenschmaus her durchaus anschaulich machen, wie sich eine
solche Gegenwart im Gedenken, im gemeinsamen Erzählen, im
Aufrufen von Bildern und Geschichten einstellen kann.[8] Aber keineswegs nur in den Worten, sondern auch im Essen und Trinken,
im Schmecken dessen, was einst mit dem verstorbenen Menschen
geteilt wurde.

Freilich ist es dann auch entscheidend, den Unterschied deutlich zu machen zwischen jedem Leichenschmaus und dem Abendmahl: Wenn Christenmenschen das Herrenmahl feiern, geht es
um die Externität der Gabe des Herrn, der seine Gegenwart nicht
nur verheißt, sondern jetzt und hier zuspricht. Es ist dies die Gegenwart dessen, der den Tod überwunden hat. Also ganz bestimmt
kein bloßes »Lasst uns essen und trinken, denn morgen sind wir
tot«, sondern eher ein: »Lasst uns essen und trinken, denn tot ist
der Tod.«

Die biblische Geschichte, die die Bedeutung der Erfahrung der
Gegenwart in besonderer Weise darstellt, ist die Erzählung von
Emmaus (Lk 24,13–35). Sie lässt sich lesen als eine narrative Theologie des christlichen Gottesdienstes aus dem ersten Jahrhundert –
eine Geschichte, die vom Umgang mit dem Tod erzählt, von der
leiblichen Praxis des Mahles, von der verborgenen Präsenz des Auferstandenen und von seiner Erschließung im Moment seiner er-
neuten Absenz.[9]

Sie spielt am ersten Tag der Woche (vgl. auch Apg 20,7). Zwei
Jünger, auf dem Weg nach Emmaus, sind ganz betroffen von den
Geschehnissen in Jerusalem; sie reden miteinander, als ein Dritter
zu ihnen stößt. Der zunächst unerkannt bleibende Auferstandene
mischt sich in diese Unterredung der beiden Jünger ein und lässt
die Jünger von dem, was sie bewegt, von ihrer einstigen Erwartung
und zerstörten Hoffnung, erzählen. Vor diesem Hintergrund

bringt der Auferstandene als eine Art Prediger die Schriften ins Spiel und deutet das, was sich ereignet hat, auf dem Hintergrund von »Mose und allen Propheten« (V. 27). Die Jünger bitten ihn zu bleiben, denn es will Abend werden und der Tag hat sich geneigt. Der Auferstandene bleibt – und nun wiederholt sich das Geschehen des letzten Abendmahls Jesu mit seinen Jüngern, mit leichten Verschiebungen in der Wortwahl: Er nahm das Brot, dankte und gab es ihnen.[10] Dann heißt es: »Da wurden ihre Augen geöffnet und sie erkannten ihn. Und er verschwand vor ihnen.« Der Moment der Erkenntnis seiner Präsenz ist zugleich der Moment seines Entzugs. Die erfahrene Präsenz lässt sich nicht festhalten. Präsenz und Absenz spielen ineinander.[11]

3. Vom Leichenschmaus her könnte gefragt werden, ob sich das christliche Abendmahl als »kannibalistisch« radikalisierter Leichenschmaus verstehen lässt.
Ich habe von meinem Befremden berichtet, das ich als Kind im Umgang mit dem Wort »Leichenschmaus« empfand. Im Blick auf das Abendmahl lässt sich freilich fragen: Ist das Abendmahl ein radikalisierter Leichenschmaus? Bereits die Einsetzungsworte Jesu, wie sie bei Paulus und in den synoptischen Evangelien überliefert sind, könnten darauf hinweisen. »Dies ist mein Leib.« »Dieser Kelch ist der neue Bund in meinem Blut.«

Radikalisiert finden sich solche Ansätze im Johannesevangelium (einem Evangelium, das ansonsten bezeichnenderweise nicht vom Abendmahl erzählt, weswegen manche die folgenden Verse als den Einschub einer späteren Hand verstehen):

»Wahrlich, wahrlich, ich sage euch: Wenn ihr nicht esst das Fleisch des Menschensohns und trinkt sein Blut, so habt ihr kein Leben in euch. Wer mein Fleisch isst und mein Blut trinkt, der hat das ewige Leben, und ich werde ihn am Jüngsten Tage auferwecken. Denn mein Fleisch ist die wahre Speise, und mein Blut ist der wahre Trank« (Joh 6,53–55).

Ich halte diese Deutung für problematisch und beantworte die in These 3 gestellte Frage mit einem klaren »Nein«. Ein Einverleiben des Christus würde für mich eine Radikalisierung der Konzentration auf die Elemente des Mahls, auf Brot und Wein, bedeuten, die ich so nicht nachvollziehen kann. Es geht – so meine ich – um die Praxis des gemeinsamen Essens und Trinkens, mit der Jesus seine Gegenwart verbindet. In dieser Hinsicht *ist* das Brot der Leib Christi und der Wein sein Blut – also im Sinne dieser radikal gedachten Gegenwart, aber nicht im Sinne einer kannibalistischen Einverleibung.

4. Die emotionale Ambiguität, die zum Leichenschmaus gehört, hat auch für das Abendmahl Bedeutung: Jubel und Trauer, die sich mit Präsenz und Absenz verbinden.

Vor annähernd hundert Jahren stellte der Theologe Hans Lietzmann eine in ihrer Wirkung weitreichende These auf (Lietzmann 1963; 1967). Er meinte, das Abendmahl habe zwei unterschiedliche Traditionslinien: Die eine verweise auf Jerusalem. Dort sei ein Mahl mit lautem Jubel gefeiert worden, weil man sich der Gegenwart des Auferstandenen erfreute und den Sieg über den Tod und die Gabe des Lebens feierte. Bei Paulus hingegen finde sich eine Praxis der hellenistischen Gemeinden, in denen ein in der Stimmung eher betrübtes Totengedächtnismahl gefeiert worden sei. Beide Traditionen hätten dann gewirkt, wobei sich trotz der Übernahme des Begriffs »Eucharistia« (Danksagung) in der Alten Kirche letztlich die paulinische Linie durchgesetzt habe. Die These war einflussreich, hat aber viele Probleme – u. a. dies, dass sich der Theologe Lietzmann die Tradition nur sehr einlinig vorstellen konnte. Einen *Día de Muertos* hatte er wohl nie erlebt, eine Verbindung von Traurigkeit und Ausgelassenheit. Totenmähler zeigen immer wieder, wie sich Totengedenken mit Jubel verbinden kann. Es sind Rituale der *mixed emotions*. Und die Frage wäre, ob und inwiefern das auch für das Abendmahl heute gelten könnte: den Tod ernst nehmen und den Jubel über seine Entmachtung feiern. Lasst uns essen und trinken, denn tot ist der Tod!

5. Der Blick auf den Leichenschmaus fordert eindringlich
zur Wiederentdeckung der Leiblichkeit und des Genusses auf –
auch dann, wenn das Abendmahl symbolisch-reduziertes
Mahlgeschehen bleibt.

Wenn auch rituell reduziert – wie in meiner oberfränkischen Heimat –, geht es beim Leichenschmaus doch um den Genuss (der oberfränkische Blechkuchen ist in jeder Hinsicht köstlich – und wäre es wert, als Unesco-Welterbe entdeckt zu werden!). Es geht um das Genießen – nun im Angesicht des Todes und angesichts seiner Überwindung. Das sollte zumindest Anstoß sein, über die Qualität dessen nachzudenken, was beim Abendmahl gereicht wird, damit nicht Restaurantkritiker und Sommeliers noch in einigen Jahren die Qualität des Weins ähnlich vernichtend beschreiben wie im oben zitierten Artikel aus dem Magazin der *Süddeutschen Zeitung*.

Ob es darüber hinaus auch sinnvoll ist, Sättigungsmahl und Abendmahl neu zu verbinden, weiß ich nicht. Aber ein Nachdenken in diese Richtung ist sicher sinnvoll, und die Versuche durch ein sogenanntes Feierabendmahl seit den 1970er-Jahren weisen in diese Richtung. In jedem Fall sollten wir uns einer weiteren Reduktion unbedingt entgegenstellen. Aus den USA kommen »Communion Cups«, die in der Zeit der Coronapandemie mancherorts beliebt wurden. Es handelt sich um kleine Plastikbecher, gefüllt mit Traubensaft und einer im Deckel eingeschweißten Oblate. Viel hygienischer geht es in der Tat nicht, viel sinnenreduzierter aber auch nicht.

Das Essen und der Geschmack sind entscheidend für die Erinnerung – und so geht es durchaus um die Ermunterung zur Kulinarik am Tisch des Herrn. Im Magazin der *Süddeutschen Zeitung* vom 22. Oktober 2021 erzählt Max Fellmann von einem eigentümlichen Phänomen: Wenn er auf Berge steigt, nimmt er Trauben-Nuss-Schokolade, hart gekochte Eier und Tee mit – alles drei Dinge, die der Espresso-Trinker normalerweise eher nicht zu sich nehmen würde. Auf dem Gipfel genießt er alles dies. Genauso hat es sein Vater gemacht, als er noch ein Kind war. Der Vater ist tot, aber diese Mikrotraditionen haben sich erhalten. Und auf dem Gipfel schmeckt es nach Kindheit und nach der Gegenwart des Vaters. Er schreibt:

> »Inzwischen ist mein Vater tot. Jetzt würde ich gern mit ihm auf einen Berg gehen. Heute würde ich den Rucksack tragen und auf dem Gipfel die Brotzeit für ihn auspacken. Hart gekochtes Ei. Tee aus der Thermoskanne. Trauben-Nuss« (Fellmann 2021).

Manchmal frage ich mich: Wie sollen wir Christenmenschen eigentlich davon reden, dass das Neue, auf das wir zugehen – die Tischgemeinschaft mit Gott im himmlischen Reich (wovon die Bibel immer wieder erzählt) – etwas Schönes oder gar Erstrebenswertes sein wird, wenn wir die Vorwegnahme so prüde gestalten?[12]

6. Der Leichenschmaus stellt eine Gemeinschaft dar und stiftet sie neu – genau das gilt auch für das Abendmahl.

Der Leichenschmaus zeigt, wie ganz schlicht (ohne Händchenreichen oder Im-Kreis-Stehen!) dort Gemeinschaft entsteht, wo Menschen miteinander essen und trinken. Für das Abendmahl könnte das heißen: Es geht nicht darum, weitere neue Rituale der Vergemeinschaftung zu erfinden. Entscheidend ist nicht das Händereichen am Altar, sondern das wahrnehmbare gemeinsame Essen und Trinken.

In dieser Hinsicht übrigens erscheinen mir manche Praktiken, die während der Zeit der Coronapandemie gepflegt wurden, besonders problematisch – Praktiken, in denen das Abendmahl wie die Darreichung eines Medikaments aussah. Viel überzeugender – und auch das gab es während der Coronapandemie – erscheinen mir Praktiken, die das gemeinsame Essen und Trinken zum Ausdruck bringen: etwa dort, wo kleine Tabletts mit Brot und Wein am Platz serviert und dann gemeinsam verzehrt wurden.

7. Beim Leichenschmaus und Abendmahl geht es darum, dem Tod nicht nur eine Überzeugung entgegenzuhalten, sondern eine leibliche Praxis.

Vielleicht ist es das größte Problem einer neuzeitlich-protestantischen Frömmigkeit: Sie lebt zu sehr im Kopf und zu wenig im Leib. Diese Feststellung ist keine Absage an »den Kopf« und ebenfalls kein pauschales Lob für alle Formen, die in den letzten Jahren und Jahrzehnten unter dem Label »Ganzheitlichkeit« neu aufkamen. Aber dass Glaube immer auch etwas ist, was *von außen nach innen* Gestalt gewinnt, ist evident. Von Praktiken und Lebensvollzügen aus gewinnen Überzeugungen Gestalt, werden und bleiben lebendig.

Es ist traurig, wenn wir dem größten Feind des Lebens, dem Tod, nur eine Überzeugung entgegenhalten können, die mal da ist und mal nicht. »Auferstehung der Toten« – das ist ein großes Wort. Aber es ist auch eine leibliche Praxis. Das zeigen Menschen durch die Zeiten im Leichenschmaus. Und darum geht es auch und auf besondere Weise im Abendmahl.

Anmerkungen

1   Vgl. Did 9,5: »Niemand aber soll essen und auch nicht trinken von der Eucharistie als die, die getauft worden sind auf den Namen des Herrn. Denn gerade darüber hat der Herr gesprochen: Gebt nicht das Heilige den Hunden.«
2   So die Fassung der »Einsetzungsworte« nach dem Evangelischen Gottesdienstbuch (2020), S. 82.
3   Die folgende Abbildung zeigt das Altarbild der evangelischen Kirche in Olbernhau. Foto: © Kristian Hahn.
4   Es gibt augenscheinlich (vgl. die ZDF-Reportage zum Thema »Trauermahl und Leichenschmaus« vom 22.11.2019) nicht einmal Statistiken mit Angaben zur Häufigkeit – auch nicht von den einschlägigen Berufsverbänden der Bestatter.
5   Für die Hinweise auf diese noch in der Veröffentlichung begriffene Studie danke ich Dr. Kerstin Menzel, Leipzig.
6   Nicht ganz unwesentlich ist übrigens auch ein rechtlicher Aspekt der Feiern. Der öffentliche Antritt des Erbes wurde mit dem Erbmahl verbunden (vgl. Freybe 1909, S. 28–47).

7 Aktuelle Überlegungen zu dieser Verbindung finden sich nur spärlich; vgl. z. B. Oexle (1984), S. 420.

8 Anregend sind die Überlegungen der Neutestamentlerin Angela Standhartinger, die die Rolle der – in der Antike üblicherweise von Frauen dargebrachten – Totenklage für die Entstehung der sogenannten »Einsetzungsworte« bedenkt (Standhartinger 2015).

9 Es gibt diejenigen, die auch aufgrund der deutlichen liturgischen Bezüge zu einer erst im zweiten Jahrhundert anderorts belegten Gestalt des christlichen Gottesdienstes für eine Spätdatierung des lukanischen Doppelwerks in das 2. Jahrhundert plädieren (vgl. Nielsen 2012). Grundlegend brachte Gordon Lathrop eine Relektüre der Evangelien im Blick auf die Feiergestalt der christlichen Gottesdienste heraus (Lathrop 2012).

10 Lk 24,30 (»[...] nahm er das Brot, dankte, brach's und gab's ihnen« / »λαβὼν τὸν ἄρτον εὐλόγησεν καὶ κλάσας ἐπεδίδου αὐτοῖς«) spiegelt Lk 22,19 (»[...] und er nahm das Brot, dankte und brach's und gab's ihnen« / »καὶ λαβὼν ἄρτον εὐχαριστήσας ἔκλασεν καὶ ἔδωκεν αὐτοῖς«).

11 In diese Richtung lässt sich auf der Ebene seiner Makrostruktur auch das Markusevangelium lesen. Die Botschaft des Jünglings/Engels an die Frauen am Grab lautet: »[...] er ist nicht hier« (Mk 16,6). Es folgt die Anweisung, den Weg nach Galiläa zu gehen: »[...] dort werdet ihr ihn sehen, wie er euch gesagt hat« (Mk 16,7). Im Duktus des Evangeliums gelesen heißt dies: Beginnt wieder von vorne zu lesen! Begebt euch erneut hinein in die hier erzählte Geschichte – und bleibt nicht bei dem Rätsel des leeren Grabes stehen (vgl. 16,8).

12 Vielleicht wäre hier auch in eine andere Richtung nochmals zu denken: Interessant scheint mir die kulturgeschichtliche Beobachtung, dass ein Leichenschmaus nicht zur offiziellen Religion gehört, sondern in den familiären Bereich. Vielleicht könnte ja auch das Abendmahl durch eine Ortsverlagerung gewinnen. Im digitalen Raum war das teilweise möglich. Bei digitalen Feiern konnte dazu aufgerufen werden, sich selbst das, was für die Feier und das gemeinsame Essen benötigt wird, zu bereiten und dann an passendem Ort zu Hause in digitaler Verbundenheit mit den anderen das Mahl einzunehmen. Liegt hierin eine Chance für die öffentliche Religion, Anschluss zu finden an die private und familiäre?

Literatur

Benzing, Tobias (2007): Ritual und Sakrament. Liminalität bei Victor Turner. Lang, Frankfurt am Main u. a.

Decker, Ingrid (2020): Totenkult in Mexiko. Día de Muertos. Aquensis, Baden-Baden.

Deeg, Alexander (2020): Essen, was wir sind, oder: Die Politik des Abendmahls. In: KuD 66, S. 140–156.

Deleuze, Gilles (2007): Differenz und Wiederholung. Aus dem Französischen v. Joseph Vogl. 3. Aufl. Wilhelm Fink, Paderborn.

Dörrie, Doris (2004): Das blaue Kleid. Roman. Diogenes, Zürich.

Dörrie, Doris (2018): Der Totenschädel. Doris Dörrie sammelt auf Reisen seltsame Dinge. Diesmal in Mexiko. In: DIE ZEIT Nr. 3/2018, S. 11.

Evangelisches Gottesdienstbuch (2020). Luther-Verlag / Evangelische Verlagsanstalt, Bielefeld/Leipzig.

Fellmann, Max (2021): GipfelGlück. In: SZ-Magazin 42, 22.10.2021, S. 22.

Freybe, Albert (1909): Das alte deutsche Leichenmal in seiner Art und Entartung. Bertelsmann, Gütersloh.

Grethlein, Christian (2015): Abendmahl feiern in Geschichte, Gegenwart und Zukunft. Evangelische Verlagsanstalt, Leipzig.

Hayden, Brian (2009): Funerals As Feasts: Why Are They So Important? In: Cambridge Archaeological Journal 19, S. 29–52.

Kierkegaard, Søren (2010): Die Wiederholung. In: Ders.: Die Krankheit zum Tode. Furcht und Zittern. Die Wiederholung. Der Begriff der Angst. Hg. v. Hermann Diem und Walter Rest. dtv, München, S. 327–440.

Klie, Thomas (2018): Bestattungskultur. In: Ulrich Volp (Hg.): Tod, Themen der Theologie 12. UTB, Tübingen, S. 200–253.

Lathrop, Gordon (2012): The Four Gospels on Sunday: The New Testament and the Reform of Christian Worship. Fortress Press, Minneapolis.

Leppin, Volker (2021) (Hg.): Gemeinsam am Tisch des Herrn. Ein Votum des ökumenischen Arbeitskreises evangelischer und katholischer Theologen. II. Anliegen und Rezeption. Herder / Vandenhoeck & Ruprecht, Freiburg / Göttingen.

Lietzmann, Hans (1963): Die Entstehung der christlichen Liturgie nach den ältesten Quellen. WBG, Darmstadt 1963.

Lietzmann, Hans (1967): Messe und Herrenmahl. Eine Studie zur Geschichte der Liturgie, Arbeiten zur Kirchengeschichte 8. 3. Aufl. De Gruyter, Berlin.

Nielsen, Bent Flemming (2012): Den liturgiske ordo. In: Søren Holst / Christina Petterson (Hg.): Den store fortælling. Festskrift til Geert Hallbäck. Anis, København 2012, S. 409–420.

NN (1791): Beyspiel eines adelichen Leichenschmauses aus dem vorigen Jahrhunderte. In: Journal von und für Franken 2, S. 91–95, im Internet verfügbar unter: https://de.wikisource.org/wiki/Beyspiel_eines_adelichen_Leichenschmauses_aus_dem_vorigen_Jahrhunderte [Zugriff: 12.05.2022].

Oexle, Otto Gerhard (1984): Mahl und Spende im mittelalterlichen Totenkult. In: Frühmittelalterliche Studien 18, S. 401–420.

Schatz, Helmut (2004): Historische Bilder zum evangelisch-lutherischen Gottesdienst. Eine Dokumentation. Atelier 23, Ansbach.

Schubert, Anselm (2018): Gott essen. Eine kulinarische Geschichte des Abendmahls. Beck, München.

Standhartinger, Angela (2015): Words to Remember. Women and the Origin of the »Words of Institution«. In: Lectio difficilior 16 (2015), H. 1, S. 1–25.

Van Gennep, Arnold (2005): Übergangsriten. Les rites de passage. 3., erw. Aufl. Campus, Frankfurt am Main.

Volp, Ulrich (2002): Tod und Ritual in christlichen Gemeinden der Antike. Supplements to Vigiliae Christianae 65. Brill, Leiden/Boston.

Wucherpfennig, Ansgar (2021): Wie hat Jesus die Eucharistie gewollt? Ein Blick zurück nach vorn. 2. Aufl. Patmos, Ostfildern.

Anhang

Bildnachweis

S. 77   Das dreidimensionale Emotionsmodell nach Wilhelm Wundt.
© Eckart Altenmüller.

S. 81   Musizieren und Komponieren als Kommunikation von Emotionen.
© Eckart Altenmüller.

S. 87   Messdaten der Gänsehaut-Versuche. Aus: Eckart Altenmüller: Vom Neandertal in die Philharmonie. Warum der Mensch ohne Musik nicht leben kann. Springer, Berlin 2018. © Springer Verlag, Berlin.

S. 89   Das limbische System. Aus: Eckart Altenmüller: Vom Neandertal in die Philharmonie. Warum der Mensch ohne Musik nicht leben kann. Springer, Berlin 2018. © Springer Verlag, Berlin.

S. 95   Ein vereinfachtes Schema der Wechselwirkungen von individuellen Eigenschaften der Ensemblemitglieder und dem gespielten Werk. © Eckart Altenmüller.

S. 161 Altarbild der evangelischen Kirche in Olbernhau. Foto: © Kristian Hahn, Olbernhau.

Quellennachweis

9–24 Dieser Beitrag beruht im Wesentlichen auf den Kapiteln V und IX des Buches *Sensibel. Über moderne Empfindlichkeit und die Grenzen des Zumutbaren* von Svenja Flaßpöhler. © 2021 Klett-Cotta – J. G. Cotta'sche Buchhandlung Nachfolger GmbH, Stuttgart. Abdruck mit freundlicher Genehmigung der Klett-Cotta – J. G. Cotta'sche Buchhandlung Nachfolger GmbH, Stuttgart.

52–74 Überarbeitete Fassung des unter demselben Titel veröffentlichten Aufsatzes in: Thomas Fuchs: Verteidigung des Menschen. Grundfragen einer verkörperten Anthropologie. Berlin: Suhrkamp Verlag 2020, S. 119–145. © Suhrkamp Verlag, Berlin 2020. Abdruck mit freundlicher Genehmigung des Suhrkamp Verlags, Berlin.

Kurzbiografien

Eckart Altenmüller
Hannover. Prof. Dr. med. für Musiker-Medizin und Musikphysiologie an der Hochschule für Musik, Theater und Medien Hannover. Studium der Medizin und der Musik (Konzertfach Querflöte). Zahlreiche Ehrungen und Preise. Arbeitsschwerpunkte: Wirkungsforschung der Musik und Spezialambulanz für Musiker-Erkrankungen. Über 300 Veröffentlichungen. Zuletzt: *Vom Neandertal in die Philharmonie. Warum der Mensch ohne Musik nicht leben kann* (2018).

Renate Daniel
Hohentengen a. H. Dr. med. Ärztin für Psychiatrie, Psychotherapie und Psychoanalyse in eigener Praxis, Dozentin, Lehranalytikerin, Supervisorin und Programmdirektorin am C. G. Jung-Institut Zürich, Wissenschaftliche Leiterin der Internationalen Gesellschaft für Tiefenpsychologie e. V. Mehrere Veröffentlichungen, zuletzt: *Psyche und Soma* (2020), *Das Selbst. Grundlagen und Implikationen eines zentralen Konzepts der Analytischen Psychologie* (2018).
renate.daniel@t-online.de

Alexander Deeg
Leipzig. Prof. Dr., Professor für Praktische Theologie und Leiter des Liturgiewissenschaftlichen Instituts der Vereinigten Evangelisch-Lutherischen Kirche Deutschlands (VELKD), Präsident der Societas Homiletica (www.societas-homiletica.org), Vorsitzender des Liturgischen Ausschusses der VELKD. Arbeitsschwerpunkte: Homiletik (Lehre der Predigt), Liturgik (Lehre der Gottesdienste), christlich-jüdischer Dialog, biblische, vor allem alttestamentliche Hermeneutik, Theorie von sakralen Räumen und deren gegenwärtiger Transformation, Kirchliche Praxis in der DDR und ihre Bedeutung für eine Praktische Theologie der Gegenwart. Zahlreiche Veröffentlichungen, zuletzt: *Liturgik. Lehrbuch Praktische Theologie 5* (2021, zus. mit David Plüss).

Svenja Flaßpöhler
Berlin, promovierte Philosophin und Chefredakteurin des *Philosophie Magazin*. Ihre Bücher wurden in mehrere Sprachen übersetzt, für *Mein Wille geschehe. Sterben in Zeiten der Freitodhilfe* wurde sie mit dem Arthur-Koestler-Preis ausgezeichnet. Flaßpöhlers Streitschrift *Die potente Frau* (2018) wurde ein Bestseller. Ihr jüngstes Buch *Sensibel. Über moderne Empfindlichkeit und die Grenzen des Zumutbaren* ist 2021 erschienen.

Thomas Fuchs
Heidelberg. Prof. Dr. med. Dr. phil., Psychiater und Philosoph, Karl-Jaspers-Professor für philosophische Grundlagen der Psychiatrie und Psychotherapie. Leiter der Sektion Phänomenologische Psychopathologie an der Psychiatrischen Universitätsklinik Heidelberg; Vorsitzender der Deutschen Gesellschaft für Phänomenologische Anthropologie, Psychiatrie und Psychotherapie (DGAP) und

der European Association of Phenomenological Psychopathology (EAPP). Forschungsschwerpunkte: Phänomenologische Psychologie, Psychopathologie und Anthropologie, Theorien der Verkörperung. Buchveröffentlichungen: *Das Gehirn – ein Beziehungsorgan* (5. Aufl. 2016), *Randzonen der Erfahrung* (2020), *Verteidigung des Menschen* (2020).
thomas.fuchs@urz.uni-heidelberg.de

Johanna Haberer

Erlangen. Professorin, Theologin und Journalistin, Wissenschaftliche Leiterin der Internationalen Gesellschaft für Tiefenpsychologie e. V. Von 1997 bis 2001 Rundfunkbeauftragte des Rates der Ev. Kirche in Deutschland, 2002 bis 2006 Sprecherin des Wortes zum Sonntag im Ersten. Seit 2001 Professorin an der Abteilung »Christliche Publizistik« der Friedrich-Alexander-Universität Erlangen-Nürnberg. Seit 2009 leitet sie den Masterstudiengang »Medien-Ethik Religion«. Sie ist Mitglied des Bayerischen Ethikrates. Zahlreiche Veröffentlichungen, zuletzt: *Die Seele. Versuch einer Reanimation* (2021), *Leben in der Anderswelt. Ein spiritueller Ratgeber durch das Netz* (2019), *Digitale Theologie. Gott und die Medienrevolution der Gegenwart* (2015).

Christiane Neuen

Münster. Dr. phil. Lektorin für Psychologie und Lebensgestaltung, Arbeitsschwerpunkte: Veröffentlichungen in Analytischer Psychologie und Betreuung der Edition C. G. Jung im Patmos Verlag. Im Vorstand der C. G. Jung-Gesellschaft Köln e. V., seit 2004 (Mit-)Herausgeberin der Tagungsbände der Internationalen Gesellschaft für Tiefenpsychologie e. V.

Elisabeth Raether

Berlin. Redakteurin der Wochenzeitung *DIE ZEIT.* Arbeitsschwerpunkte: Politik, Politik des Essens, Kochkolumne. Studium in Paris und Berlin, dann Lektorin beim Rowohlt Verlag. Autorin mehrerer Kochbücher.

Konstantin Rößler

Wörth am Rhein. Dr. med., Arzt für Innere Medizin, tiefenpsychologischer und analytischer Psychotherapeut. Lehranalytiker und Supervisor am C. G. Jung-Institut Stuttgart, 1. Vorsitzender der Internationalen Gesellschaft für Tiefenpsychologie e. V., Team- und Fall-Supervisor in der stationären Psychotherapie. Arbeitsschwerpunkte: Aktive Imagination, Analytische Psychologie und Naturwissenschaften, Traum- und Symbolarbeit.

Joachim Helmut Schneider

Tübingen. Prof. Dr. med. MA, Studium der Medizin und Philosophie mit Forschungsaufenthalten in den USA. Praktische Tätigkeiten mit Ärzte ohne Grenzen auf mehreren Kontinenten. Mitglied der Internationalen Gesellschaft für Tiefenpsychologie. Buchveröffentlichungen: *Motilitätsstörungen der Speiseröhre* (2004), *Determination und menschliche Freiheit* (2018), *Der Tod stirbt* (2020).

Katinka Schweizer

Hamburg. Prof. Dr. phil., Dipl.-Psych., MSc, Professorin für Klinische Psychologie und Psychotherapie an der MSH Medical School Hamburg, Sexualwissenschaftlerin und Psychologische Psychotherapeutin in eigener Praxis. Dozentin und Supervisorin am John-Rittmeister-Institut Kiel und am Institut für Psychotherapie Hamburg. Studium an den Universitäten Tübingen, Landau, Oxford und Hamburg. Promotion und Habilitation an der Universität Hamburg. Erste Vorsitzende der Deutschen Gesellschaft für Sexualforschung (DGfS). Mitherausgeberin der *Beiträge zur Sexualforschung*.
katinka.schweizer@medicalschool-hamburg.de

Matthias Warstat

Berlin. Prof. Dr. phil., Professor für Theaterwissenschaft an der Freien Universität Berlin. Mitglied der DFG-Sonderforschungsbereiche »Affective Societies« und »Intervenierende Künste« (beide Berlin); Mitglied der Berlin-Brandenburgischen Akademie der Wissenschaften. Arbeitsschwerpunkte: Ästhetik des Gegenwartstheaters; Theater und Gesellschaft; Theater- und Kulturgeschichte der Moderne. Veröffentlichungen (Auswahl): *Umkämpfte Vielfalt. Affektive Dynamiken institutioneller Diversifizierung* (Hg., zus. mit Hansjörg Dilger, 2021), *Soziale Theatralität. Die Inszenierung der Gesellschaft* (2018), *Krise und Heilung. Wirkungsästhetiken des Theaters* (2012).

Den inneren Reichtum entdecken

Christiane Neuen (Hg.)
Was die Seele nährt
Inspirationen

144 Seiten, 12 x 19 cm
Hardcover mit Leseband
ISBN 978-3-8436-1418-4

Der Körper braucht Nahrung. Doch auch unser Inneres muss gestärkt werden. »Die Seele nährt sich von dem, was sie freut«, heißt es bei Augustinus. Was kann sonst noch Seelennahrung sein? Alles, was uns im Innersten berührt und lebendig macht: Liebe und Schönheit, Hoffnung und Dankbarkeit, Gelassenheit und Selbsterkenntnis, die Kunst, schöpferisch zu leben, oder Meditation als Weg nach innen. Inspirationen aus Tiefenpsychologie und Spiritualität laden dazu ein, den Weg in die eigene Tiefe zu finden und der Seele Raum zu geben. Mit Texten von: Niklaus Brantschen, Linda Briendl, Brigitte Dorst, Eugen Drewermann, Hugo M. Enomiya-Lassalle, Khalil Gibran, Hubertus Halbfas, C. G. Jung, Verena Kast, Ishpriya Kinsey, Thomas Merton, Ingrid Riedel, Brigitte Romankiewicz, Sylvia Wetzel.

PATMOS
www.verlagsgruppe-patmos.de